文春文庫

関東大震災

吉村 昭

文藝春秋

関東大震災　目次

復興へ

関東大震災

「大地震は六十年ごとに起る」

一、群発地震

大正四年十一月六日午前六時過ぎ、宮城の二重橋に馬の蹄の鳴る音がきこえてきた。橋の左手から警視庁騎馬隊が、整然とした二列縦隊で姿をあらわし、それにつづいて二十六騎の正装した近衛騎兵が橋上に進んでゆく。そして、その後から黄の装束をまとう八瀬《やせ》童子たちにかつがれた御羽車《おはぐるま》が、静かに進み出てきた。

御羽車の上には大傘がかざされ、宮内大臣らの馬車五つが一定の間隔でつづく。近衛騎兵のささげる天皇旗がゆき、その後から近衛将校の騎馬隊にまもられた大正天皇の乗る馬車が、松の緑を背景にかろやかな車の音とともに動いてゆく。華麗な御発輦《はつれん》であった。

馬車の列が流れるように馬場先門から宮城前広場に出ると、整列した陸軍将兵の各隊から嚠喨《りゅうりょう》としたラッパの音が鳴りひびき、捧げ銃《つつ》の銃剣が朝の陽光にひかった。その後方にひしめく市民の群は一斉に深く頭を垂れ、その前を華麗な列は東京駅へ向かった。

明治四十五年七月三十日明治天皇の崩御《ほうぎょ》にともなって、皇太子嘉仁《よしひと》親王が大正天皇として即位した。その即位の大礼が、京都でとりおこなわれることになり、大正天皇は御羽車におさめられた御霊代《みたましろ》とともに京都へ向かうことになったのだ。

天皇一行は、午前七時御召列車で東京駅を発し、午後四時名古屋駅着、馬車で名古屋離宮に入った。

その夜、天皇を迎えた名古屋市内はきらびやかな光にいろどられた。市の中心部にある街々には色とりどりのイルミネーションが互いに色光を映えさせ、ところどころに建てられた祝賀アーチは電灯装飾や球灯でふちどられ、まばゆい光をまき散らしていた。

さらに第三師団練兵場に提灯《ちょうちん》の灯の群が湧くと、それは太い光の列となって市中に流れ出た。名古屋市内五十五校の生徒八千名による提灯行列で、阪本市長をはじめ市民のかざす提灯も加わって街路を埋め、先頭から万歳の声があがると、それは波頭のように後方へも伝わって、そのたびに提灯がかざされ灯の群が波打った。さらに、華麗な光につつまれた花電車五台も市内に繰り出し、名古屋市内は夜おそくまで沸き立った。

翌七日午前九時三十分、百一発の皇礼砲のとどろくなかを御召列車は名古屋駅を発車し、午後二時京都駅に到着、天皇は馬車で京都御所に向かった。その沿道にも陸軍将兵が整列し、市民の群が天皇の馬車に頭を垂れていた。

その夜も、雨中を約二万の京都市民が楽隊を先頭に提灯行列をおこない、花火が夜空をいろどり、花電車が市中を往《ゆ》き交った。

翌日から京都御所内で即位式の前提となる各種の儀式がつづき、大臣以下政府関係者、貴衆両院議員、有爵者、各国大・公使、学術関係者等が続々と入洛《じゅらく》し、京都は一層のにぎわいを見せた。

十一月十日、即位式が古式通りに挙行され、午前十一時三十分にとどこおりなく式を終えた。さらにその後、大嘗祭《だいじょうさい》をはじめ連日のように儀式がおこなわれ、新聞各紙は紙面の大半をさいて御祭儀の経過を報道し、それと関連して全国各地に繰りひろげられる祝賀の催しの記事も掲載した。

東京市内にも祝賀気分があふれ、即位式の翌十一日には京橋、本郷、芝で山車《だし》が出たのをはじめ各区内で神輿《みこし》が街々をにぎやかにねり歩き、夜には学生を中心とした提灯行列ももよおされた。

やがて夜もふけ、東京の街々も全く寝静まった頃、突然大地が揺れた。それはかなり強い地震で、家屋は激しく震動し、人々は眠りを破られてはね起きた。

東京帝国大学地震学教室の地震計は十二日午前三時二十一分三十二秒に地震が発生し、約二十五分にわたって継続したことを記録した。が、それだけにとどまらずかすかな地震がつづいて起り、わずかその後四時間半ほどの間に二十一回も地震計の針が揺れた。

それで一応地震がおさまったかと見えたが、午前八時十五分三十一秒にまたも家屋が揺れ、その後一時間ほどの間に微震が四回もつづいた。そして、さらに午前十時七分二十秒にも微震が連続的に起り、午後二時十三分五十九秒には最初の地震につぐ激しい地震で家々は音をたてて震動し、市民の中には家を飛び出す者もいた。

東京帝国大学地震学教室では、室員が緊張した表情で地震計の針を注視していた。その日、一日間だけで計三十五回という地震の発生が記録されたが、それはきわめて稀《まれ》なことで、その現象をどのように判断すべきか戸惑っていた。震源地は、千葉県九十九里浜の一宮附近と推定された。

三十五回の地震のうち五回は人体に感じられたものであったので、即位の大礼の祝賀ににぎわっていた東京の街々には不気味な静寂がひろがった。深夜から午後二時すぎまで十一時間足らずの間に五回も大地の揺れるのを感じた人々は、大地震の起る前兆ではないかという不吉な予感におびえたのだ。

市民は、東京が古くから大地震にしばしば襲われていることを知っていた。その最も鮮明な記憶として残されていたのは、安政二年江戸に大災害をあたえた大地震であった。それはその年の十月二日夜十時頃、突然江戸を襲った大地震で、「安政震火録・破窓の記」によると倒壊家屋一万四千三百四十六、倒壊土蔵千四百四、死者一万五千に及ぶと記されているが、火災も三十余カ所に起り焼死する者も数知れなかったという。

この安政の大地震は、東京帝国大学地震学教室教授大森房吉によって、震源地が江戸の亀有附近と推定されていた。

明治に入ってからも日本各地で大地震がつづき、ことに明治二十四年十月には美濃・尾張地方を中心にした破壊的大烈震が起り、全壊戸数十四万二千、半壊戸数八万三百、死者七千二百七十三、負傷者一万七千百七十五をかぞえた。また、明治二十九年には三陸地方に大地震にともなう大津波が襲来、流失家屋九千八百七十九戸、死者二万六千三百六十名、の惨事を生んだ。

その間、東京市は、明治二十七年六月に市川、葛飾《かつしか》附近を震源地とする大強震に襲われ、その地震によって市内で九十戸の家屋が倒壊し二十四名が圧死していた。

大正に改元されてからは、幸いにも強い地震に見舞われることはなかったが、前年の大正三年に相次いで二つの大災害が報じられた。その一つは、一月に起った桜島の大噴火にともなう鹿児島大地震で、流出した熔岩が脇、百村、瀬戸の諸村落を埋没させ、さらに鹿児島湾内に流入して海峡をとざし大隅と陸続きにしてしまうという大異変であった。またそれにつづいて、三月には秋田県仙北地方に大地震が起り、全壊六百四十戸、死傷四百十八人の被害が伝えられた。

そうした相つぐ災害を耳にしていた東京市民は、半日間に連続的に発生した地震に異様な恐怖を感じた。

新聞関係者の動揺も激しく、記者たちはその異常現象をたしかめるために地震学教室に急いだ。

教室の主任教授は、理学博士大森房吉であった。

かれは、明治元年福井に生れ、東京帝国大学物理学科卒業後、日本の近代地震学研究の端緒をきりひらいたイギリス人ジョン・ミルン、東京帝国大学教授関谷清景の指導を受けて、地震学研究の道に入った学者であった。

独創的なすぐれた頭脳にめぐまれたかれは、着実な研究を積みかさねてたちまち学界の注目を浴び、明治二十五年には震災予防調査会が創立されると同時に委員に推され、関谷の死後、東京帝国大学地震学主任教授ともなった。

かれは、精力的に地震学研究にとりくみ、海外の地震発生地にもしばしばおもむいて、未開拓に近いその分野に学問的理論を確立することに貢献した。殊に大森式地震計といわれる水平振子微動計などの地震計の発明、地震帯の発見、余震の研究、初期微動と震源距離の関係式等、その業績は多岐にわたった秀れたもので、ノーベル賞候補にあげられる話さえ伝えられたほどだった。つまりかれは、日本の地震学研究の最高権威であると同時に世界地震学界の第一人者でもあったのだ。

しかし、十一月十二日に連続的な地震が発生した時、かれは不在であった。かれは、他の著名な学術関係者とともに大正天皇の即位の大礼にまねかれ、京都におもむいていたのだ。

大森から教室の仕事を託されていたのは、助教授今村明恒理学博士であった。

今村は、明治三年鹿児島に生れ、東京帝国大学物理学科を卒業後陸軍士官学校の教官になり、地震学の研究に従事して東京帝国大学助教授をも兼ねていた。助教授とはいっても無給で、生活の資は士官学校から得ていたが、家運の没落した家庭に育ったかれは、貧困にもめげず大森のもとで地震学の研鑽に営々とつとめていた。

かれは、その日三十五回の地震が記録されたことに激しい衝撃を受けていた。地震学研究にとりくんでからそのような現象に接したことは皆無で、それをどのように解釈すべきか判断に苦しんでいた。

最も憂慮されることは、その群発地震が大地震の前兆ではないかという疑いだった。過去の大地震の記録によると、その発生はほとんど突発的なものだが、それが決してすべてではない。例えば二十年前に起った明治二十九年の陸羽大地震の折には、八日前から計百回の地震が続発し、全壊全焼家屋六千二十四戸の烈震をひき起している。あきらかに続発した地震が大地震の前震であったわけで、その他にも同じような例は少からず記録に残されている。

単純に考えてみれば、十二日午前三時二十一分三十二秒に起った強震の後に三十四回も記録された地震を、強震の余震と判断することもできる。地震の後に余震がつづくのは通例のことだが、その日の場合それほど強くない地震の後としては、三十四回という回数は余りにも多すぎた。

今村は、その日の地震多発をどのように解釈してよいか悩んでいたが、集ってきた新聞記者に説明しなければならぬ立場に立たされていた。

かれは、記者たちの質問に答えて、震源地が千葉県九十九里浜に面する上総一宮附近の海岸地震帯上であり、極微震もまじえて計三十五回の地震を記録したと発表した。

記者たちは、

「この連続地震は、大地震の前ぶれではないのか」

と、けわしい表情で問うた。

今村にとって、それは十分予想していた質問ではあったが、同時に恐れていた質問でもあった。かれにはいずれとも判断出来かねたが、もしも大地震の前兆である公算が大きいと答えれば、新聞は大々的に報道してたちまち東京市内に大混乱がまき起る。かれは、そのような事態をひき起すことを避けるためにもいたずらな臆測を口にしてはならぬと思った。

かれは、平静さを装うように記者たちを見廻しながら、続発した地震が最初の地震の余震か又はこれから起る地震の前ぶれか、それを判別することはきわめてむずかしい、と言葉を選びながら答えた。そして、

「今日の地震の場合は、徐々に弱くなっている傾向にあるから、少くとも午前九時以後

の地震は、最初の強震の余震だと考えられる」

と、断定的な口調で言った。

「それに」

と、今村は表情をやわらげると記者たちを見廻し、

「その後、観測の結果地震は発生していないのでまず心配はないと思う。九十九里浜地方はとかく地震が続発する特徴があるから、それほど驚くにはあたらない」

と、つけ加えた。かれは、そうしたことを口にすることによって、自分の胸にわだかまる不安を払いのけようともしていたのだ。

今村の説明に、記者たちの表情は幾分やわらいだが、

「大地震の前ぶれだということは決してないと解釈してよいのですか」

と、かさねて追及した。

「まずそう考えていいでしょう。が、万が一の場合もないとは言えませんが……」

今村は、椅子に背をもたせておだやかな口調で答えた。

記者たちは、それでようやく納得したらしく連れ立って地震学教室を出て行った。

翌十三日、各紙の朝刊には、即位大礼の報道で埋められた紙面の中に地震の記事がかなり大きく掲載され、今村の談話も詳細に紹介されていた。それは、祝賀に沸き立つ記事の中にはさまれていたものだけに、ひどく不吉なものにも感じられた。

地震学教室では、十二日夜も当直員を増員して観測していたが、午後十時三十八分に記録された地震以後、地震計の針は微動もしなかった。

翌日、今村も早めに教室へおもむいて観測を指揮したが、終日地震計は平静で、かれをはじめ教室員は安堵の色を濃くした。

しかし、十四日午前十時三十七分三十六秒、突然地震計の針が激しくふれた。それは十二日の午前三時すぎに起った地震よりもわずかに強く、ついで午前十時四十六分三十秒にふたたび微震を記録した。地震学教室では緊張したが、さらに午前十一時三十四分十六秒には十二日未明の地震と同程度の強震が起った。

東京市内は、騒然となった。前々日には三十五回の地震が記録されたというし、またその日も連続的に三度大地が揺れた。市民にとってもそれは初めての経験で、市民は路上に出て大地震の起る不安を互いに口にし合った。

そのうちに老人たちの口から、大地震が六十年ごとに起るという話が伝えられて、人々の不安はたかまった。安政二年に一万五千戸ちかい家々を倒壊・焼失させた江戸大地震は丁度六十年前で、続発する小地震は大地震の前兆ではないかというのだ。

新聞記者たちは、ふたたびその日の午後ぞくぞくと地震学教室に集ってきた。前々日の今村助教授との一問一答では、その後地震の発生がやんでいるので心配はないと言っていたのに、その日の午前中に三度も大地が揺れたことは、最悪の事態が起る証拠ではないかと思われたのだ。

記者たちの前にあらわれた今村の顔には、不安をおさえきれぬこわばりがあった。かれは、たちまち記者たちにとりかこまれた。

記者たちの質問は、もっぱら続発する無気味な地震が大地震の前兆ではないかという一点に集中された。

今村は、一地方に地震が頻発し、しかも勢力が強くなってゆく時はその後に大地震が起った例もあると述べ、今回の場合は震度が強まっているか衰えているかすぐには断定できないと答えた。

「市中では、六十年ごとに大地震が起るという声がもっぱらで、安政の大地震から丁度六十年目にあたっているだけにおびえきっている者も多いのですが、それについてはどのように考えますか?」

記者の一人が、顔をひきつらせてたずねた。

「たしかに統計的にも、六十年を一周期として大地震が起っているという事実はあります。六十年前には、安政元年に伊勢、大和、伊賀を中心に大地震が起り、翌年には江戸大地震が発生している。さらにその六十年以前には、天明二年、翌三年、つづいて寛政四年、同五年、同六年と江戸に大地震が集中し、浅間山も大噴火を起している。火山の活動は一応平穏をたもっているので、火山噴火による地震は心配することもあるまいと思われますが、東京は近くに地震帯があるので常に万に一つは大地震が起ることが十分に予想される。しかも、今回の群発地震は、決して勢いが衰えているとは言いがたいので、百に一つは大地震の起る可能性がある。つまり九分九厘までは大丈夫と思うが、残りの一厘はあぶない。市民は十分注意して、地震にともなう火災を避けるため火の元などの用心をしておくに越したことはない」

今村は、一語一語句切るように説明した。

その今村の発表は、翌朝の新聞各紙に大きく掲載された。東京日日新聞を例にとると、

「昨日も亦《ま》た地震
　前後三回で震源地は上総一宮
　　安政から六十年目といふ問題
　　　万に一つが百に一つに変つた
　　　　今村理学博士の談」

という見出しのもとに、大地震発生のおそれがたかまっていることを警告していた。

市民の不安はさらにつのったが、十四日午後には二度有感微震があり、翌十五日未明にも二度の微震が記録された。その群発地震は十五日にも二回起り、地震学教室をはじめ各測候所は非常態勢をしいていたが、十六日早朝二度の微震につづいて午前十時三十七分二十五秒、地震計の針は大きく揺れ動いた。

それは十二日以後最も強い地震で、殊に震源地に近い千葉県下では被害も発生した。同県香取郡万蔵小学校校庭の一隅で地震と同時に崖崩れが起り、同校生徒五名が土砂にまきこまれて生き埋めになり、佐藤七三郎、伊渡部明、伊知地勇、増田誉の四生徒は瀕死の重傷を負った。また長生郡西村でも崖崩れによって人家が圧壊され、その他同様の崖崩れと隧道の崩壊があった。

その地震の余震はつづいたが、それが鎮まらぬうちに午前十一時三十四分十五秒にまたも地震が起った。

東京市民の不安は、限界を越えた。十一月十二日以来、わずか五日間に計五十一回も地震が記録されている。それは、大地が絶えず震動していることで、六十年を周期にやってくる大地震が確実に襲ってくるにちがいないと想像された。

市内には、即位の大礼を祝う浮き立った空気は消え、大地震襲来の予感に市民の顔からは生色がうしなわれた。各家庭では火の始末をし、大地震がきた折の準備をととのえた。さらに用心ぶかい家庭では、家の中で圧死する危険を避けるため庭や近くの空地にテント状の仮小屋を急造し、その中で夜を過す者もあった。

その日も微震がつづき、翌十七日にも朝に微震があったが、それを最後に地震計の針は鎮まった。十一月十二日午前三時二十一分三十二秒に強震が起ってから五日後の午前八時五十一分の地震とそれにつづく余震まで、計六十五回という異常な数の地震が記録されたのだ。

二、今村説vs大森説

地震学界の第一人者理学博士大森房吉は、京都の大礼に出席していたが、上総一宮附近を震源地とする地震の続発を憂慮していた。一応震源地附近は、過去の統計からみても地震の頻発する性格が強く、つづいて起る弱・微震も、数個の地震の余震と推定できた。しかし、その度数が余りにも多いことが報じられていたので、地震観測を直接おこなえぬことにいらだっていた。

かれは、今村助教授に教室を一任してきていたことに不安を感じてはいなかったが、新聞に発表された今村の談話には釈然としないものを感じていた。

まず最初の地震が起った十一月十二日の発表では、群発する地震が最初の地震の余震であるのか、大地震の前兆であるか断定しがたいと記されている。さらに十六日の発表によると、今村は六十年を一周期として大地震が発生するという説を半ばみとめているように思えるし、群発地震が大地震の前震であることもないとは言えぬと説いている。

大森は、実際の観測記録を眼にしないかぎり今村の発表が適当かどうかは判断出来かねたが、地震学界の代表者としてその発表の及ぼす社会的な影響を恐れた。

地震学の研究は着実に進められてはいるが、その発生を確実に予知できる手がかりは皆無に近い。地震学者はいたずらな予測をすべきではないし、社会的影響も考えて発言しなければならない。

そうした立場にある今村が、上総の群発地震を大地震の前震であるとにおわせている態度は、大森にとって不当だと思われたのだ。

大森は、自然と十年前の明治三十八年の記憶を思い起していた。

その年、今村明恒は雑誌「太陽」九月号に「市街地における地震の損害を軽減する簡法」と題する論文を発表した。

今村は、その中で欧米諸国との対比の上で日本地震学研究の実状について述べ、過去の日本に発生した地震を詳細に紹介してから今後起ると予想される地震についての対策を説いていた。

まずかれは、弘化四年の善光寺大地震、安政二年の江戸大地震、明治二十四年の尾張名古屋の大地震を例にあげ、地震によって起る火災の驚くべき災害について警告した。かれは、それら三大地震の記録をもとに、大火災が同時に発生した折には、火災の起らぬ地震にくらべて死者数が三倍から四倍にも達していると書き記した。

さらにかれは、東京に関係のある地震帯について、一、東京東方をほぼ南北に貫くもの、二、甲斐・相模を東西に貫くもの、三、房総沿岸近くの海底を走るものと、三地震帯をあげ、殊に一と三から発した地震が東京市に最大の災害を及ぼすものだと注意をうながした。

この序説の最後に、

「(過去の大地震の中で)最も激烈なりしもの、即ち多数の壊家及び死人を生じたものは慶安二年、元禄十六年、安政二年の三回の大地震であつて此等は皆夜間に起つた。さうして此三大震は平均百年に一回の割合に発生して居り、尚《な》ほ最後の安政二年以後既に五十年も経過して居るから、今後五十年内には斯《こ》ういふ大地震に襲はれることを覚悟しなくてはなるまい」

と、結んでいた。

今村は、さらに論を進めて東京市が元禄、安政の地震と同程度の大地震に襲われた場合どの程度の災害をうけるかを指摘している。それによると、災害程度はきわめて激烈なもので、火災が発生しなかった場合でも、全壊家屋三万、圧死者三千に達し、火災をともなった場合は損害が三倍から四倍にも増大し、その被害度は地盤のやわらかい下町に激しいと説いた。

さらに今村は、現在の東京は、過去に大地震の襲来を受けた江戸よりも事情は一層深刻であると強調している。

明治開化以後、東京市では石油ランプ等の西洋の新器具が入ってきているので地震とともに起る火災原因は多く延焼も容易になっている。市内に水道が発達してきてはいるが、地震によって水道管は破壊され消防能力も失われ市街は燃焼するままにまかされる。

その上、道路はせまいので人々は逃げることも出来ず、過去の江戸大地震よりもはるかに多い死者が出る。その数字は、おそらく十万名から二十万名にも達するはずで、慄然とせざるを得ないと結論づけていた。

この論文を、大森はインドに旅行した帰途の船中で読んだ。

大森は、その論文内容にこれといって反論すべきものはないと思った。殊に東京が昔の江戸と異なって地震にともなう火災の被害を甚だしく受けるということは、かれの日頃から強く主張する持論でもあった。

かれは、アメリカのサンフランシスコを襲った地震を調査した折、薬品によって発火した例が多いことに注目し、薬品の保存管理を地震対策の重要な一項目として提唱していた。

また地震によって水道管が破裂する危険については、消防能力の完全な崩壊につながることなので、積極的に東京市にその改良方法を進言した。西洋文明の導入は用水桶を廃し水道に変えてそれはそれなりに社会生活を便利なものにしているが、地震発生の折には東京全市の焼尽にもつながると警告した。その熱意に動かされて、東京市も水道管の構造、敷設方法に改良計画を進めていたのだ。

そうした点については大森も今村の論文を自分の主張の踏襲と受けとったが、五十年以内に大地震が東京を襲うという予測には同意出来なかった。

大森は、むろん過去の地震発生を統計的に研究することに努力してはいたが、それを唯一の根拠に地震の到来を予測することが、はたして学問的に許されるべきものかどうかということに深い疑惑をいだいていた。

それに対して今村は、大胆にも過去に江戸を襲った大地震の統計から百年周期説をとなえ、今後五十年以内に東京が大地震に見舞われると警告している。大森は、学者としての今村の考え方に同調出来ぬものを感じた。

それに、今村の論文は、地震に対して無知な一般人に動揺をあたえるおそれが十分予想される。地震学研究者は、社会的影響も十分考慮した上で慎重に発言すべきだと思った。

やがて大森の危惧は現実のものとなって、翌三十九年一月十六日の東京二六新聞に今村の論文が紹介されたことをきっかけに、予想以上の大問題になった。

その年は、丁度丙午《ひのえうま》にあたっていて、丙午の年は大天災が起るという言い伝えがあっただけに、今村説は市民に大衝撃をあたえた。

東京二六新聞の記事は、正月以来火災が多く閑院宮《かんいんのみや》邸も焼かれ、また二回の強震と大森海岸に津波が押し寄せたことを丙午の年の故だとする市民の不安を迷信としながらも、このような俗説とは異なった学説として、今村の論文の要旨を紹介していた。

その主眼点は、東京市に大地震が発生する時期が近づいていて「今午より五十年内には酸鼻《さんび》の大地震に遭遇」することは確実だという。そして、市内の災害を予想し、死者は十万或は二十万に達するはずで、「茲《ここ》に其説を紹介して満都の士女を警《いまし》む」と結んでいた。

この記事はたちまち市民の間に大反響をまき起し、新聞も大地震が起きた折には各家庭でどのような処置をとるべきかという意見を募集し、一層騒ぎは大きくなった。

今村は、思いがけぬ事態に驚いて東京二六新聞に訂正を申し入れたが要領を得ぬので、万朝報に手紙を出し、騒ぎを鎮めてもらいたいと依頼した。万朝報はその中し出を受け入れ、今村の論文の真意が一般に対する啓蒙的な警告であり、それによっていたずらに狼狽《ろうばい》することは不適当であると主張し、大森も紙上に同様の意見を発表した。

それによって、ようやく人心の動揺も鎮まりかけたが、翌月下旬、地震騒ぎは異様な発展をしめした。

二月二十三日夕刻、千葉の九十九里浜沖を震源地とする軽震が連続して起り、翌二十四日午前九時十四分にも突然家屋を激しく震動させる強い地震が発生した。

市民は、今村の五十年内大地震襲来説を耳にしたばかりであったので不安に駆られていたが、その日の午後になってから大地震が襲ってくるという説が野火のような早さで町々にひろがった。その説の根拠は十分に信頼のおけるもので、中央気象台発表として、午後三時から五時のあいだに大地震が到来すると各役所、病院、図書館、商社等に電話連絡があったのだ。

通報を受けた役所等ではただちに事務を中断して地震対策に着手し、それを伝えきいた市民は恐怖に駆られて避難準備をはじめた。

しかし、その連絡は電話を利用した一市民のいたずらで、中央気象台にはそのような発表をした事実はなかった。それを知った役所等ではすぐに平静をとりもどしたが、すでにひろがった地震襲来説は加速度的にふくれ上っていて、人々は狂ったように安全地帯へ避難をはじめた。

その混乱は収拾のつかぬものとなり、ついに警察官が出動して慰撫《いぶ》することにつとめたが、各所で市民と警官の間に激しい衝突も起った。

それまで今村の論文に理解をしめしていた地震学教室主任教授大森房吉も、市民の混乱を鎮めるために積極的な姿勢をとった。謹厳で慎重な性格の大森にとって、今村が大地震到来を予言した行為は余りにも軽率なものに思えた。地震学研究の分野には未知のものが多く、地震の到来を予知するまでには程遠い。

今村の論文は、地震の襲来にそなえて真剣にその対策をはかるべきだという啓蒙的な意図をもつものだが、それを強調するために五十年以内に地震がやってくるという仮説を立てている。地震に無知な一般人は、専門学者である今村の地震予知をそのまま鵜呑《うの》みにして激しい恐怖に駆られている。

大森は、地震学者も学究の徒であると同時に良識のある一社会人でなければならぬというかたい信念をいだいていた。そうした考え方からすると、今村の論文は、その及ぼす社会的影響を考慮しなかった点できわめて不穏当なものであると判断した。

かれは、一般人の動揺を鎮めるためには今村説を極力否定する以外にないとさとった。大森は、日本地震学研究の第一人者であるし、その発言は今村のそれよりははるかに権威をもつものとして一般の人々に受けいれられるはずだった。

大森は、今村の論文を否定するため進んで新聞に寄稿し、講演会をひらいて、今村の地震予知説を激しく非難した。

まず今村が五十年以内に大地震が襲来すると予知した点については、「東京が非常の震災をこうむるのは平均数百年に一回と見なしてさしつかえない」と否定し、「今にも東京全市が全滅する程の大震が襲来すべしなどと想像するは全く根拠なき浮説」と痛烈に罵倒した。また二十万人の死者を出すという説も、「幸いにして今は東京市の道路広く消防器械も改良したれば、昔日の如き大災害を再演することなかろうと思われます」と、いたずらに恐怖することはないと説いた。

この大森の反論は執拗に繰り返され、また学者も大森の説を支持する者が多かったので、市民の間にひろがっていた恐怖は徐々にうすらいでいった。そして、それと同時に地震予知をした今村を大法螺《おおぼら》吹きだという激しい非難もまき起った。

今村は、大森よりもわずか二歳年齢が若いだけで、師弟というよりは先輩・後輩の間柄にあった。かれは大森教授のもとで助教授の任に甘んじてはいたが、大森の学説にもひそかに異論をいだいていて、その折の意見の対立をきっかけに、二人の間には学者として、また人間としても深い溝が出来た。

今村は、大森に対して激しい恨みもいだくようになり、妻に、

「大地震は必ず五十年以内に起る。もしもそれまでに自分が死んだら、大地震の起きたときにはすぐに墓前に報告してくれ」

と、命じたほどであった。

その時から、十年の歳月が流れた。

大森は、今村と同じ地震学教室で研究をつづけてきたが、今村との感情の硬化は氷解していなかった。それだけに、上総一宮を震源地とする群発地震が大地震の前震であるとほのめかすような今村の発表を、またも軽率な放言をおかしたと受けとったのだ。

即位の大礼に参列のため京都にきていた物理学界の学者たちも、今村の発言が東京市民を恐慌状態におとしいれていることに深い憂慮をしめしていた。そして、大森に、

「今村にまかせておいたら、どのような騒動に発展するかも知れない。君は早く帰京したまえ、御大礼どころではないぞ」

と、強く帰京をうながした。

いらだっていた大森は、学者たちのすすめに力を得て急ぎ京都をはなれると、地震学教室におもむいた。そして、十二日から群発した地震は決して大地震の前震ではなく、そのような簡単なことまで理解できず市民に不安を与えることは不都合だ、と今村を厳しく叱責した。

事実、十一月十二日から十七日にかけて続発していた地震も十八日以後は全く鎮まり、大地震の兆候は見られなかった。

大森は、帰京した翌二十一日に早くも東京市と千葉県下の各新聞に、「続発した地震は、その性格から判断して、大地震の前震ではないことがあきらかになった」と公表し、その後前震でない理由について専門誌にも詳細な論文を発表した。

これに対して今村は、群発地震を大地震の前震ではないかと疑ったことについての過失をみとめながらも、大森論文に対しての反論もおこない、二人の対立は一層根強いものになっていった。

時代は、大きく揺れ動いていた。

幕府の崩壊からはじまった明治時代の日本は、諸外国の野心にみちた眼にさらされながらも独立国としての地位を守り、国力の発展とともに国際的な評価も得るようになっていた。そして、対内的には立憲政治体制の育成につとめ、対外的には日清、日露両戦役によって自国防衛の基礎をととのえた。そこには、時代的な一種の秩序すら感じられた。

しかし、明治から大正に移行した頃から、明治という時代の包蔵していたさまざまな要素が、複雑化した時の流れの中で異様な姿を露呈しはじめた。

日露戦争終結後、世界の強国は植民地支配競争を強化し、その勢力範囲を拡大することにつとめていた。

アジアでの列強の植民地確保の意図は露骨で、中国を中心にその侵蝕競争は激しく入りみだれ、その間に日本は、日露戦争の勝利によって得た朝鮮半島の権益を確保し、さらにはその併合を果していた。

大正三年には、広大な植民地を保有するイギリスと急速に擡頭してきたドイツとの対立から欧州動乱が起り、ロシア、フランスについで日本、アメリカも参戦し、第一次世界大戦が勃発した。そして日本もドイツの租借地である中国の青島《チンタオ》を攻略したが、日本はその機会をのがさず中国における権益の拡大を高圧的に要求し、それを手中におさめたので、中国人の日本に対する憎悪はたかまった。

その間、日本の政界は立憲政治の形態をとりながらも明治時代の遺物である藩閥政治が悪弊を生み、さらに天皇を利用して保身につとめる政治家もあり、また護憲運動も庶民の支持を得て全国的な拡がりを見せていた。

さらに軍備の拡張にともなって軍部ことに陸軍の政治介入も目立ちはじめ、内閣は頻繁に総辞職を繰り返した。また庶民の信望を集めていた海軍部内でも、シーメンス事件という汚職事件が明るみに出て、庶民の政界、軍部に対する失望感は増大した。

第一次世界大戦は、日本の経済界に一時的な好況をあたえ、多くの成金といわれた富裕者を生み、大財閥もその恩恵を受けた。が、それは同時に物価の暴騰をうながし、庶民生活に重圧となってのしかかった。それに対する反撥として大正七年七月富山県魚津町の漁民の妻たちによって米騒動が起り、それはたちまち全国的な規模となって発展し、各地で商社、米屋、新聞社、警察、知事官舎等への襲撃事件が起った。この米騒動も日本の資本主義化の過程に必然的に発生した庶民運動であり、それに対する政府の経済施策も拙劣で、官憲による抑圧以外に鎮静の方法を知らなかった。

そうした背景の中で、明治末期頃から勃興した社会主義運動は、ロシア革命に刺激されて一層活潑になっていた。その組織化は急速にすすんで多くの結社が輩出し、大正九年には大杉栄、堺利彦らによって日本社会主義同盟が創立された。

また労働運動も激化して、全国各地でストライキが発生し、大正九年には初のメーデーが開催され、資本家との対決を明確なものにしていった。

このような社会主義運動と労働運動がさかんになるにつれて、政府は官憲を駆使して苛酷な弾圧をはかった。運動に参加する者は容赦なく検挙し、組織の潰滅につとめたが、その運動は都会のみならず農村にも波及して大正十一年には日本農民組合が結成され、地主の搾取にあえぐ小作農たちの大争議が頻発した。そして、同年に日本共産党も創立され、コミンテルン大会で日本支部としての承認を受けた。

労働人口の中で特に顕著な傾向は、朝鮮人労働者の増加であった。
日露戦争の講和条約で、ロシアは日本が朝鮮の保護国となることを承認し、イギリス、アメリカもそれに同調した。が、朝鮮にとってそれは国家の独立を否定されたことであり、日本をはじめとした列強の横暴に皇帝と庶民は憤激した。

しかし、日本は朝鮮を大陸に対する軍事基地とする野望をいだいていたので、軍事力による威圧を加え、統監府を設置して事実上朝鮮の支配を果した。そして、さらに皇帝を中心とした宮廷と庶民の抵抗を排除するため、強引に朝鮮の日本併合を実現させた。この間、朝鮮各地で激しい反対運動の暴動が続発したが、その都度《つど》日本は軍隊、警官を動員してその鎮圧につとめた。

日本が統治するようになってから最も困窮したのは、朝鮮の農民たちであった。併合前、土地の大部分は、宮廷関係者・官僚たちが所有し、農民は土地の耕作権をもっていたが、土地所有権の調査をおこなった統監府は、皇帝の所有地を没収し、貴族、官僚に土地の所有権をみとめ、一般農民を零細の小作農に転落させてしまった。

当然農民の不満はつのり、その結果初代統監伊藤博文が、朝鮮を日本の属領とした中心人物として恨みを買い朝鮮人安重根によって暗殺された。

その後、朝鮮では小作農がますます零細化し、第一次大戦以後貧窮にたえかねた農民が日本内地へ流入してくるようになっていた。が、それを迎え入れた日本人雇用者は、かれらの秀れた労働力をみとめながらも冷遇することに終始していた。

大正十一年七月、象徴的な一事件が起った。その頃、信濃川上流では電力会社の水力発電所工事が進められていたが、その川の下流に朝鮮人の虐殺死体が数多く流れてくるのが発見された。それは、残忍な労働を強いている監獄部屋と俗称されていた工事現場の飯場でリンチにあった労働者たちであった。

この事件を憤った朴烈らは、東京で信濃川虐殺問題大演説会をひらき激しく抗議したが、その集会も官憲の手で解散させられてしまった。この事件は、社会主義運動家の注目を浴び、朝鮮人労働者との団結が強調され、同年末には朝鮮人労働者同盟会が創立され西尾末広も同席した。

社会主義者と朝鮮人労働者の提携は、日本の支配階級に大きな衝撃をあたえた。日本が併合した朝鮮国内には日本に対する激しい憎悪が内包され、それが社会主義運動家との提携によって社会的な大騒乱に発展する危惧をいだいたのだ。

政府は、これらの運動の進展をおそれて弾圧を強化し、軍部も日本の国家形態を破壊するものとして敵視した。が、そうした抑圧にもかかわらず社会運動は加速度的にたかまっていった。

そうした激動期の中で、東京帝国大学地震学教室では、大森房吉を中心に地震の研究が黙々と進められていた。

大正九年五月十三日には伊豆大島附近で、つづいて翌十年十二月八日には東京及び千葉県の一部で強い地震が起り、また翌十一年四月二十六日には東京湾にのぞむ地域にかなりの強震が見舞った。

地震学教室では、その都度地震の震源地、震度の調査研究にあたったが、新聞に対する発表内容は慎重で、一般市民の動揺も全く見られなかった。

大森と今村の対立は、そのまま痼《しこり》となって残されていて、時折直情径行型の今村が大森の学説に異論をとなえることはあったが、表面的には激しい衝突は見られなかった。

大正十二年が、明けた。

大森は、依然として精力的な活動をつづけ、その年にはオーストラリアで開かれる汎太平洋学術会議に、日本を代表する地震学者として出席するため、今村に地震観測を託して出発した。

その年も暗い事件がつづいた。

六月五日には、第一次共産党党員の検挙が発表され、四日後には作家有島武郎が愛人波多野秋子と軽井沢で縊死心中した。また政界の混乱も一層激しくなっていて、八月二十四日総理大臣加藤友三郎が死去し、その後二十八日に内閣組織の勅命を受けた山本権兵衛も、政党側の強い反撥を受けて閣僚の人選に多難が予想されていた。

地震発生——二十万の死者

三、大正十二年九月一日

大正十二年九月一日――。

関東方面では、低気圧が北陸地方から本州を通過して金華山沖に向かい、秩父地方でも副低気圧が発生していた。風向は南または南東で、場所によっては時折風をまじえた驟雨《しゅうう》が見舞っていたが、それも午前十時ごろにはおさまった。

湿気が多く、空は雲におおわれ蒸暑かった。その日、秋のさきがけとなる二科会の招待展覧会が上野美術館でひらかれていた。街にはカンカン帽をかぶった男が歩き、人力車が往き交っていた。

正午近くなったので、各家々では竈《かまど》や七輪に火をおこして昼食の仕度をはじめ、町の飲食店にも客の出入りが目につくようになっていた。

午前十一時五十八分四十四秒、東京市内に設置されていた中央気象台と本郷の東大地震学教室の地震計の針が、突然生き物のように動きはじめた。それは、比較的ゆるやかなもので、係員は椅子に坐ったまま記録紙の上に線をえがく針の動きを見つめていた。

しかし、緩慢だったのは五秒ほどで、針はにわかに急激な動きをしめすようになり、係員も思わず顔色をかえて椅子から立ち上った。建物がはね上るように揺れ、頭上では瓦の落下する音が起りはじめた。係員たちは、強烈な地震の発生を知った。そして針のえがく線の状態から地震が最強部に達したと推定したが、その推測はうらぎられ本格的な烈震はその後にやってきた。

震動は、押し寄せる津波のように果てしなく盛りあがり、地震計の針が動き出してから十五、六秒後には想像を絶した激烈さにまでたかまった。

その瞬間、戦慄すべき現象が起った。中央気象台では明治九年以来地震観測をおこなっていたが、観測室におかれていた地震計の針が一本残らず飛び散り、すべての地震計が破壊してしまったのだ。

地震学教室の地震計も、すさまじい烈震にその機能は大混乱におちいっていた。すでに初期の微動がはじまった直後、地震計の針の大部分は記録紙の外に飛び出し、さらに震動が激化すると同時に破損してしまっていた。ただ二倍地震計のみが震動の最も激しい部分に達してからも辛うじて動きつづけ、それも五秒後には他の地震計と同じように故障してしまった。

地震学教室員は驚愕《きょうがく》し、室員の中には観測を放棄して建物の外によろめきながら飛び出す者もいた。

オーストラリアの汎太平洋学術会議に出席中の主任教授大森房吉の代行として地震学教室の指揮をとっていた今村明恒助教授は、波打つように揺れる室内にふみとどまって二倍地震計の針がえがいた記録紙の線を凝視《ぎょうし》していた。

最大震動時に達した時、かれは、震動が急速に弱まるにちがいないと予想した。それは、長年地震観測に従事してきた豊かな経験によるものだったが、意外にも震動はそのまま継続した。

大地は激しく波打ち、立っているのも困難になった。

そのうちに、幾分ゆるやかになったと思った直後、再びすさまじい震動が襲ってきた。恐怖がかれの体を硬直させた。かれは、安政大地震以来の大地震が発生したことを一個の人間として感じとった。

やがて震動が衰えはじめ、かれの地震学者としての意識がよみがえった。

かれは室内を見廻した。そこには顔色を青ざめさせて立ちすくんでいる室員たちの姿があった。

かれは、かすれた声で室員たちをはげまし、記録紙にえがかれた線を点検して地震発生に関する調査を開始した。

今村は、室員に記録紙の蒐集《しゅうしゅう》を急がせながら、自分の内部に為体《えたい》の知れぬものが異様な強さでふき上ってくるのを意識していた。それは、端的に言えば抑えがたいほどの激しさをもった歓喜の感情であった。

かれは、十八年前の明治三十八年の秋、雑誌「太陽」に地震が百年を一周期として発生する論文を発表した。そして、その年が安政二年の江戸大地震から丁度五十年目にあたっていることから推定して、今後五十年以内に東京が大地震に襲われることは必至だと警告し、死者も十万名から二十万名にも達するにちがいないと書き記した。

この論文は、社会的に大きな反響をまき起し、その翌年発生した地震では大地震到来と騒ぐ東京市民と警察官の間に衝突すら起った。

そうした混乱を鎮めるため、今村の上司である地震学教室主任教授大森房吉は、今村論文に反対の立場をとった。大森は、「東京が非常の災害をこうむるのは、平均数百年に一回と見なして差支えない」と今村の百年周期説を全面的に否定し、さらに、死者が二十万名にも達するような大地震の発生を予告した今村の論文を「全く根拠なき浮説」と激しく罵倒した。学界でも今村は大法螺吹きだという非難が起り、それ以後、今村と大森との間には感情的な溝がうまれた。

萎縮した思いで日々を過してきた今村は、破壊されつくした地震計を見渡しながら、自分の予想が確実に的中したと思った。大地は、依然として激しく揺れつづけている。勝ったという優越感が、かれの胸を熱くした。

かれは、集められた記録紙を眼をかがやかせながら見つめた。

記録紙を熟視したかれは、初動の方向と初期微動の継続時間から察して、震源地は東京市南方約百キロの相模湾の海底と判断した。

この点については、その後詳細に検討した結果、初動は北二十六度東の上方動、初期微動継続時間十二秒四、主要動の継続時間は十分で、震源地は、東京の南二十六度西の方向百二キロの相模湾にあたり、地震は約一時間二十分にわたって継続したことが判明した。

烈震は、相模湾海底の激烈な大変動によって発生した。それは、地球の表面の秩序が一挙に崩れ、新たな秩序を得るための自然現象であったが、その変化は余りにも激しくそして複雑だった。

まず相模湾の南西部にあたる深さ千三百メートルの海底が、長さ二十四キロ、幅二キロから五・五キロの広大な部分にわたって、百メートル以上も陥落した。最も激しい個所では百八十メートルも陥没し、反動で湾の北東部では逆に海底が百メートル以上も隆起した。

その影響で、湾内の海水は激しい動きをしめし、それは津波となって沿岸各地を襲った。規模は大きく、大島の岡田で十二メートル、伊豆半島の伊東で十二メートル、房総半島の南端布良《めら》附近で九メートル、三浦半島の剣ヶ崎で六メートル、鎌倉で三メートルの高波となって襲来した。そして、伊東では人家三百棟以上が洗い流され、熱海で五十戸、布良で九十戸が流失した。

　相模湾海底の大陥没と大隆起によって、海底も陸地部も荒れ狂う巨大な生物の背のように波打った。相模湾沿いの地域は一斉に隆起し、茅ヶ崎で一・四メートル、大磯で一・八一九メートル、吾妻村で二・〇一二メートル、小田原で一・二メートルと著しい隆起が見られた。また房総半島でも、佐貫〇・九七メートル、北条一・五七一メートル、九重村一・八一五メートルと大地が盛り上った。

　東京市では逆に陥没現象が発生し、本所、深川、砂町では最も著しく、東平井村で三十八センチ、砂町で二十七・六センチ、亀戸で二十四・六センチも地面が沈下した。

　激震地は東京、神奈川、千葉、埼玉、静岡、山梨、茨城の一府六県に及び、微震地域を加えると、九州、北海道をのぞく本州と四国のほぼ全域にわたる大規模な地震であった。

　殊に小田原から鎌倉にいたる相模湾沿岸の地域と房総半島の那古、船形、北条、館山等は震源地に近いだけに最も激しい震動に襲われ、木造建物の全壊率は五十パーセントを越え、中には九十パーセント以上の建物が倒壊した地域もあった。

　震源地に近い場所での状況がどのようなものであったか。それを知ることは学術的にも貴重な資料となるが、その地域には地震計が設置されていず、観測記録は皆無だった。

たまたま一人の理学士が相模湾沿岸の鵠沼《くげぬま》に在住し、それによる概要報告が学術的に注目された。それは阿部良夫で、かれは震源地に近い場所での地震の状況を冷静に観察していた。

その日、かれは、鵠沼の自宅にいた。

午前十二時少し前、突然戸、障子が激しく音を立てて揺れ、柱がきしみ出した。と、その直後ドーンという大きな音響がし、強烈な上下動が襲ってきた。それは、水平動をまじえぬ純粋な上下動で、下方から垂直に突き上げ、そして垂直に突き落されるような衝撃であった。

上下動はすぐやんだ(この点について今村助教授は、震源地に近い地域の震動が上下動によってはじまり、それがいったん鎮まるという阿部の報告を貴重なものとして受け入れた。それは、学問的な理論と一致した現象であったのだ)。

上下動がやんだが、阿部は身の危険を感じて縁側から裸足で庭におりた。庭に出た時には地震は全くやんでいて、家を振り返ってみたが破損した個所もない。

「外に出るには及ばなかった」

と、かれは思った。そして、家にもどろうとした時、俄《にわ》かに足元が激しく揺れ出して、かれはたちまち庭土の上に倒されてしまった。

かれは、辛うじて傍の小さな松につかまり立ち上ったが、地面は沸騰する湯の表面のように揺れ、松も激しくなびき、かれは再び土の上にはねとばされてしまった。

かれは、必死になって立ち上ろうとしたが、土地が上下となく、前後となく、左右となく、複雑に揺れて立つことができない。丁度暴風雨に襲われた小船の甲板にいるようであった。

家が倒れてその下敷きになってはならぬと思い、手をついて門の方へ這っていった。高さ一間ほどの竹垣が、突風になびくように揺れている。

ザーッという音、ゴーッという音が四囲にみちていた。それらの音が、近くの松林の松が揺れる音か、家の崩れる音か、竹垣の揺れる音か、少しもわからない。あたりは、黄ばんで見えた。これも雲の加減か、砂埃のためか、或はただ自分一人だけの感じにすぎなかったのか、それもあきらかではなかった。

話にきいていた大地震が、今起っているのだ、とかれは思った。

やがて震動が鎮まったので立ち上り、振り返って見ると自分の家はつぶれていた。右隣の家もつぶれている。左隣の家もつぶれていた。

家の中に家族がいたことを思い出したかれは、平たくなったわが家の屋根に駈け上った。幸運にも壁の破れ目の下に、妻、妹、二人の幼児が寄りかたまっているのが見えた。かれは板をはがし壁をとりのぞいて、十分以上かかってようやく四人の家族を屋根の上にひき出すことができた。

その後、津波が来るぞ、という声がきこえたので、かれは東北にある丘に家族をつれて避難した。余震はしばしばあったが、倒されるほど強いものではなかった。

さらに阿部は、報告書の中で概略次のように述べている。

初震は、ガタガタドーンという感じで、この時間は三、四秒から長くも六秒と思われた。そして、その後いったん鎮まって二十秒後に本震が襲ってきた。本震のつづいた時間は、二、三分と推定される。この間は、だれも立っていることは出来ず、まして歩くことなどは不可能であった。家屋は、ほとんど倒れた。近隣の人々の話をきくと、或る者は土地がグルグル廻ったと言い、或る者は土地が波打っていたと表現した。これらの体験談や自分の経験から考えて、震動は、上下動と水平動のまじり合ったもので、それらはきわめて激烈なものであった……。

四、激震地の災害

震源地の相模湾に沿った最大激震地の災害は、すさまじかった。

小田原町では突然起った上下動の烈震で、崖は一斉に崩れ、橋は落ち、家屋はもろくもつぎつぎと倒され多数の死者を出した。同町小峰にあった閑院宮御別邸も倒壊し、別邸に滞在中の寛子女王殿下もその下敷きとなって圧死した。

箱根の温泉地でも八百六十六戸の家屋が倒壊し、旅館が断崖上から渓谷に墜落して四散した。殊に塔の沢では渓流が崖崩れでふさがれて鉄砲水が起り、旅館その他の家屋を流失させた。

横須賀の地震による被害もひどく、丘陵の地すべりが発生し、鉄道のトンネルが崩壊して列車三輌を埋め、二千三百一戸の家屋が倒壊した。浦賀、逗子、葉山、大磯、平塚、藤沢、鎌倉等の家屋もほとんど倒れ、平塚では海軍火薬廠でガスの引火によって大爆発が起り構内の建物二十二棟が飛散した。また藤沢の吉村別邸では東久邇宮《ひがしくにのみや》師正王殿下が、鎌倉の由比ヶ浜別邸では山階宮妃《やましなのみや》がそれぞれ圧死した。

神奈川県下の家屋倒壊数は、全壊四万六千七百十九戸、半壊五万二千八百五十九戸、計九万九千五百七十八戸にのぼり、全家屋数二十七万四千三百戸の三十六パーセント強にあたる。それ以外に津波によって流失した家屋が四百二十五戸もあった。

横浜市は、神奈川県庁の所在地であるとともに日本最大の港湾都市でもあった。外国人の居住・滞在者も多く、官庁、商社も設けられていて、その烈震は市の機能を完全に壊滅させた。

脚本家スキータレッツという一外人は、横浜市内で遭遇した地震の印象を次のように記している。かれは、来日後妻とともに大森のホテル望翠楼《ぼうすい》に二カ月間滞在していたが、横浜市山の手の中村町にある借家に転居することにきめ、その日——九月一日に引越荷物をもって横浜市内に入ったのである。

私と妻は、桜木町で電車から降り、そこから荷車を一台やとって荷物を運ばせた。

山の手への坂道を荷車がのぼるのは困難で、私たちは、車の後を押して車夫を助けた。そして、ようやく車を山の手に押し上げてそこで一休みした。そこから私たちの借りた家までは、歩いて十分ほどの距離で、道は広く平坦であった。

やがて、私たちは再び歩き出した。私は妻と二人で、新居のことや家の前にある小ざっぱりした小庭のことなどを話し合った。庭からは横浜市街はもちろん、遠く富士山も見えるのである。庭に椅子を出して読書でもしたら、さぞ快適にちがいない。私たちは、この異国の新しい町でいとなむ新生活のことを考えた。

自転車が通り、着物を着た二人の日本婦人が、私たちとすれちがった。

眼下に横たわる横浜市街は、まるで蟻塚のように人々が往き交い、汽車が走り、電車が行き、掘割にはボートが動き、紺碧の海には、この世界的な大港湾都市に世界の各地から集ってきた大小さまざまな船が浮んでいた。

私と妻は、道の中央を歩き、後から車夫が荷車をひいてついてきていた。

その時、突然汽車が近くを走るようなゴーッという音響が押し寄せてくるのを耳にした。そんな近くに鉄道が走っているのか、私は地勢がわからなかったのでそのことを妻に言おうとした。が、猛獣のほえる声に似た響きとともにすさまじい突風が起って、樹木の枝が弓のようにへし曲った。

地下を走る列車の音が、私の足下から噴き上ってくるように思えた。その瞬間、大地が発狂したような速度で互いに前後に引っぱり合うのを感じた。篩《ふるい》の上にある穀粒がふるわれるように、私たちははね上げられた。

立ってはいられなかった。私と妻とは反対方向に数歩揺りはなされて、手をとり合うこともできなかった。

そのうちに私たちは、家の垣根にたたきつけられ、互いに抱き合って垣根にしがみついた。車夫は、荷物に抱きついている。

見ると、周囲のあらゆるものがパチパチと物凄い音を立てて揺れ、家々はこわされてゆく。今通った道を振り返ると、家が倒れ石垣が崩れているのが見えた。また道の前方にある平屋の人家が、二、三度大きく左右に揺らいだと思った直後轟音をあげて路上に倒れた。

不思議にも、私は少しの恐怖も感じなかった。すべての感覚は一時的に停止していた。ただ、これは地震だな、と思っていただけだった。

しかし、次の瞬間には、大地が海のようになって、私の体がなにか液体のようなものの上でグルグル廻っているのを感じ、今に私も妻もどこかへ飛んでゆくか、どこかに投げ落されるにちがいないと思った。私の意識は、ほとんど空白状態にあった。

思考能力がわずかにもどったのは、ようやく地震が鎮まった時であった。私は片手で垣根をつかみ、他の手で私にしがみついている妻を抱きしめていた。倒壊した家の下から、人々が一人の婦人を救け出すのが見えた。婦人は、まだ生きていた。

私は、死を考え、妻とはなれずに死にたいと思った。

その時、再び強い地震が起った。大地は、怒り狂ったように揺れた。

人々が、傍の家の広い庭に続々と入ってきた。庭は、たちまち避難者でいっぱいになった。かれらは、さらに襲ってくるかも知れぬ地震にそなえて大木につかまりながら坐っていた。私も妻と庭に入って、土の上にしゃがみこんだ。

日本人の群衆は、驚くべき沈着さをもっていた。庭に集った者の大半は女と子供であった。だれ一人騒ぐ者もなく、高い声さえあげず涙も流さず、ヒステリーの発作も起さなかった。すべてが平静な態度をとっていて、人に会えば腰を低くかがめて日本式の挨拶をし、子供たちも泣くこともなくおとなしく母親の傍に坐っていた。

その間にも、土地は揺れつづけ、丁度船に乗っているようであった。

横浜市の家屋倒壊戸数は、全壊九千八百、半壊一万七百三十二、計二万五百三十二戸に達し、全戸数九万八千九百戸の二十パーセント強に及んでいる。殊に洋館は石造または煉瓦造りなので耐震性はなく、最初の強震でひとたまりもなく崩壊してしまい、内部にいた者は逃げる余裕もなく大半が圧死した。内外人に親しまれていたグランドホテル、オリエンタルホテルも轟音とともに倒壊し、外人多数が即死した。その他官庁の大半も倒れ、横浜裁判所では末永所長以下百余名がすべて圧死した。

激烈な地震は、大地に深い亀裂をはしらせ、山崩れを誘い、河岸を崩壊させ、鉄橋を河中に墜落させた。七百年前につくられた鎌倉の長谷にある大仏も五十センチ地下にもぐり、さらに四十センチ近くも前にせり出したほどであった。

大地の激しい動きは、むろん鉄道線路を徹底的に破壊し、進行中の列車はもろくも脱線、転覆した。

遭難した列車は二十四列車で、中にはトンネル内を進行中埋没したものもあった。

列車	番号	場所
貨車	四一一	入江
客車	一一二	程ヶ谷〜横浜間
客車	七九	戸塚〜大船間
貨車	六〇五	大船
貨車	六二四	大船
貨車	四〇〇	大船〜藤沢間
貨車	六〇〇	藤沢
貨車	六二五	茅ヶ崎
貨車	四一〇	茅ヶ崎
客車	七四	平塚〜大磯間
貨車	六三〇	下曾我〜国府津間
貨車	六〇二	下曾我〜松田間

列車	番号	場所
貨車	四二三	山北〜谷峨間
貨車	四〇九	御殿場
貨車	九二〇	岩波
貨車	三二	鎌倉
客車	五一四	田浦〜沼間間
客車	一〇九	根府川
客車	一一六	根府川
貨車	八五二	長津田
貨車	九九二	取手
客車	八一四	荒川沖〜土浦間
貨車	二六一	岩井
客車	二一一	北条〜九重間

右のうち、震源地に近い相模湾沿いを走る東海道線は被害は甚大で、機関車、客車ともすべて横倒しとなったものが多かった。

中でも根府川で地震に遭遇した第一〇九列車の場合は、最も悲惨な結果をもたらした。同列車は、東京発の下りで、午前十一時四十分に小田原を発車した。そして、十一時五十八分すぎ根府川のプラットホームに進入し、機関車のみがホームに入った時、突然列車が激しく揺らいだ。

車輛は完全に宙に浮き、身をかしげると左方の四十メートル下の海岸に、断崖を転々ところがり落下していった。

それと同時に、根府川駅一帯に大規模な地崩れが起り、駅の建物も列車の後を追うように転落し、すべてが海中に没してしまった。

第一〇九列車の乗客は百七十余名であったが、助かった者は水泳の巧みな学生三十余名と機関手一名のみであった。

千葉県の被害も、驚くべき数字をしめしている。

家屋の全壊一万二千八百九十四、半壊六千二百四、計一万九千九十八戸に達しているが、殊に相模湾をのぞむ房総半島南西部の沿岸各地の被害はすさまじかった。

館山湾内の沿岸は最も激烈な地震に襲われ、那古では九百戸の人家のことごとくが全壊した。

館山町でも戸数千七百戸の九十九パーセントが倒壊し、附近一帯の田が二メートルも沈下し、砂が吹き出るという現象すら起った。

館山町に隣接した北条町では、戸数千六百余戸中、全壊一千五百二戸、半壊四十七戸にも達し、郡役所、中学校、停車場等すべてが全壊した。古川銀行、房州銀行の建物が奇蹟的に残った以外は柱の立っている家さえなく、電柱はかたむき、電線は地上にたれて町全体が壊滅してしまった。さらに亀裂は深さ二メートルにも及び、陥没地域も多く、測候所と小松屋旅館などが亀裂の中に落ちこんだ。

その他埼玉県下では全壊四千五百六十二、半壊四千三百四十八、静岡県下で全壊二千二百四十一、半壊五千二百十六、山梨県下で全壊五百六十二、半壊二千二百十七、茨城県下で全壊百五十七、半壊二百六十七という被害状況であった。

……東京府をのぞく災害六県では、全壊戸数六万七千百三十五、半壊戸数七万一千百十一にも達したのである。

五、東京の家屋倒壊

東京府は、東京市とその周辺の郡部によって構成されていて、相模湾沿いの神奈川県と房総半島南西部に比較すると地震の程度は幾分弱かった。が、それでも全壊家屋は一万六千六百八十四戸、半壊二万百二十二戸とその災害は戦慄すべき数字をしめした。

震度は、おおむね台地では軽く、台地と低地の接点と下町において激しかった。それは下町の密集地域の家屋が古く、また堅牢さを欠いていたことも原因しているが、地域別の倒壊戸数によっても、地盤の強弱が大きく影響していることが立証されている。

東京市の各区別家屋倒壊状況

	全壊	半壊		全壊	半壊
麹町区	三三七	不明	日本橋区	不明	不明
神田区	一九	三九	京橋区	不明	四七

	全壊	半壊
芝　区	三九八	七七七
麻布区	七二一	九五四
赤坂区	三二三	五〇二
四谷区	一二四	三三一
牛込区	五一五	一、〇〇一
小石川区	四六二	八四八
本郷区	三五七	六九六
下谷区	三四〇	五五三
浅草区	一三三	一一八
本所区	四九三	四七九
深川区	不明	不明

これに比して地盤の強い郡部の被害は少いが、下町に接した北豊島郡、南葛飾郡の一部は家屋倒壊数も多い。

北豊島郡	全壊	半壊
板橋町	二六	三七
巣鴨町	六	〇
滝野川町	一三三	一〇四
日暮里町	四八二	六九九
三河島町	一、七二九	一、一九六
南千住町	一、六二〇	三、一一〇
尾久町	三五〇	八〇〇
王子町	一、二五四	一、一二九
岩淵町	二九三	五八七

	全壊	半壊
志村	一五	一八
上板橋町	四	〇
赤塚村	四	二
大泉村	〇	〇
上練馬村	二	九
下練馬村	一	一
石神井村	〇	〇
長崎村	一〇	四
中新井村	〇	一
高田町	五〇	八
西巣鴨町	一二	一〇
南葛飾郡		
小松川町	八六	三四三
松江村	二九	二〇
葛西村	一六	五
瑞江《みずえ》村	二四	三二
鹿本《ししもと》村	〇	四
小岩村	〇	三
金町村	〇	〇
水元村	二	五
新宿町	二	七
奥戸村	〇	二四
吾嬬《あずま》町	六一五	八七四
本田村	五	〇
南綾瀬村	五二	一五
隅田町	二九八	八八一
寺島町	四四二	四二七
亀戸町	四五一	三七〇
大島町	五四〇	八一〇
砂町	四九九	四六八
南足立郡		
千住町	一、〇〇一	一、〇六四

	全壊	半壊
西新井村	一二	六
江北村	三三	五二
舎人《とねり》村	四	五
梅島村	三八	一六〇
綾瀬村	四四	二二
東渕江村	一三	一九
花畑村	七七	二〇
渕江村	一五	一一
伊興村	一九	一二
荏原郡		
品川町	九二	二三九
大崎町	九五	一二二
目黒町	四	一三
世田谷町	一七	一六
松沢村	一	三
平塚村	〇	一

	全壊	半壊
碑衾《ひぶすま》村	〇	〇
玉川村	七	〇
駒沢町	一	七
馬込村	七五	三五
調布村	〇	七
矢口村	八	二八
池上村	二三	一三五
入新井町	九五	一三三
大井町	一七	四七
大森町	二九四	七八五
蒲田町	二六	一七
六郷村	四一	一五
羽田町	三五〇	一、八四九
南多摩郡		
横山村	五	二一
浅川村	一	五

	全壊	半壊
元八王子村	二	〇
恩方村	一	一
川口村	〇	〇
加住村	〇	〇
小宮村	〇	一
日野町	四	七
七生《ななお》村	三	三
由木村	三七	八一
多摩村	二七	七一
稲城村	四五	三九
鶴川村	四〇	一〇四
南　村	五七	一〇〇
町田町	一三〇	二六四
忠生村	七〇	一五〇
堺　村	五二	九〇
由井村	七	一〇

	全壊	半壊
豊多摩郡		
中野町	一四	一一
野方村	一七	五
和田堀内村	一〇	二四
杉並村	一〇	三九
井荻村	二	一七
高井戸村	六	二二
大久保町	一三	一三
戸塚町	一七	三四
落合村	二	八
淀橋町	三三	五〇
代々幡町	二二九	五一
千駄ヶ谷町	五八	一九二
渋谷町	三三	一四二
北多摩郡		
府中町	三	五〇

	全壊	半壊		全壊	半壊
西府村	四	三	小金井村	一	〇
保谷村	六	二	武蔵野村	二	一
立川町	〇	〇	三鷹村	〇	〇
砂川村	〇	〇	神代村	〇	一
村山村	〇	〇	千歳村	一一	九三
東村山村	二	三	砧　村	三	三
清瀬村	〇	〇	狛江村	〇	〇
小平村	〇	一	調布町	七	一
国分寺村	四	〇	多磨村	三	一五

西多摩郡は、合計全壊戸数四、半壊戸数七でほとんど被害はない。また八王子市も全壊九戸、半壊三十九戸で死者七名を出したにとどまっている。

豊多摩郡杉並村は全壊十、半壊三十九と家屋の倒壊は少いが、それでも地震は激烈だった。当時杉並村高円寺五五四に住む神田大三という尋常小学校三年生の生徒は、その折の恐怖を日記に書き残している。

「暑い一ヶ月の夏休みもおしまひになつて今日は（九月）一日。いよいよ学校も（二学期の授業が）ひらかれることになつたので、朝早く起き学校へ行つた。

式がをはつて家へかへると、ちやうどひるのおぜんがこしらへてあつた。みな一所にたべかけると、おそろしいひびきがし、同時に大地がゆらゆらとして、家がバリバリンとひどい音がした。

僕は地震といふものを知らないので、まつ青になつて二、三度ころげながら庭へ出た。其の時、三方でものすごい音を立てて家がたふれる音がした。

子供の泣きさけぶ声が聞えてくる。屋根の瓦がおちる。近所の人々は、はだしのままとび出して前の広場へ集つた。しばらくすると、二度目の大地震があつた。僕は植木にしつかりつかまつてゐたけれど、木と一しよにぐらぐらするので目がまはつてきた。

（以下略）」

マグニチュード七・九の烈震は、東京の大地を波打たせ、地上にあるものをなぎ倒した。殊に軟弱な地盤をもつ下町方面で震害は一層激しかった。


麹町区第一消防署勤務であった林錠太郎氏の回想によると、その日も若い署員が望楼に上って火災発生を監視していた。

正午少し前、林氏が突然起った地震で署外に飛び出し望楼を見上げると、鉄骨作りの望楼が左右に激しく揺れている。倒れる恐れがあると思ったが、望楼は柔軟にしなうだけで折れる気配はなかった。

後になって署員に地震発生時の状況をきくと、署員は望楼の上に伏して振り落されまいと手すりにしがみつき眼下の市街を見つめていた。

街々は、篩《ふるい》の上の豆粒のようにひしめきながら震動していた。地鳴りのようなすさまじい轟音がふき上って、激浪の逆巻く大海にもまれる小舟にしがみついているような心細さを感じたという。

そのうちに街の色彩が急激に変化していった。瓦が落下し壁が落ちはじめたのだ。と同時に、茶色い土埃が一斉に立ちのぼり、震動しつづける街をおおいかくしていった。

小櫃政男という本所区柳島梅森町に住む十四歳の少年がいた。かれは、柳島小学校卒業後、精工舎に入社し時計の組立てに従事していた。

九月一日は、休日だった。前日は給与支給日であったので、かれは小学校時代の同級生であった潮田文吉と浅草へ遊びに行った。

浅草はいつものように賑わいを見せていて、かれは白地の浴衣姿で映画街へ入った。時刻は、十一時近くであった。

洋画専門の日本館では、フート・ギブソン主演の西部劇を上映していた。かれは、潮田と、胸を躍らせて館内に入った。

フート・ギブソンの演ずるカウボーイは二挺拳銃使いで、乗馬も巧みであった。政男は、弁士のせりふに耳を傾けながら画面に眼を据えていた。

館内に入って一時間ほどした頃、不意に体が持ち上げられ、そして左右に激しく傾いた。と同時に、頭上から絶叫に似た声が起って、一階の椅子席に黒いものがたたきつけられた。

かれは、一瞬なにが起ったのかわからなかった。が、椅子席に落下したものが、三階で映画を見ていた客の体であることに気づいた。

館内は、大混乱におちいった。客は総立ちになると、出口に殺到した。その間にも、三階から二人の客が叫び声をあげながら落下した。

スクリーンでは、依然としてカウボーイが原野に馬を走らせている。地震でスクリーンが伸縮するらしく、画像はゆがみながら揺れていた。

政男は、潮田と人にもまれながらようやく館外に出た。前の道は鮨屋横丁で、余りの激しい震動に立っていることができず鮨屋の軒先の柱にしがみついた。が、その柱も大きく左右に揺れて、今にも店の建物が倒れかかってくるような恐怖に襲われた。

地面に手をついている者もいれば、よろけて倒れる者もいた。映画館の看板が随所で落下する音があたりにみちた。

震動がわずかに衰えた。かれは、柱から手をはなすと鮨屋横丁をぬけ出た。角に建っていた天ぷら屋が倒れ、一人の男が太い材木の下から顔だけを突き出していた。眼球が飛び出し、口から舌を垂らしていた。

政男は、初めて眼にする死者の顔に恐怖を感じた。思考力は失われていた。大地震が起ったのだということは意識できたが、どのようにしたらよいのかはわからなかった。

突然かれの耳に、

「瓢簞池《ひようたんいけ》へ逃げろ」

という人の叫び声がきこえた。

その声に、かれは池の方向に走り出した。路面は粘液のように揺れつづけていて、足もとが宙をふむように心許なかった。ただかれは、潮田と手をにぎり合っていることに救いを感じていた。

瓢簞池近くに来た時、潮田の口から短い叫び声が起り、その眼が前方に注がれていた。

政男は、その視線の方向に眼を向けた。前方には東京初の高層建築物といわれた十二階（凌雲閣《りようううんかく》）が立っている。高さは二百二十尺（七十三メートル弱）で、十階までが総煉瓦造り、十一階と十二階が木造の八角形の塔状建物であった。館内には絵画室、音楽演奏室、休憩室等があり、十一階と十二階には見料一銭の望遠鏡が設置され、雲を凌《しの》ぐ高層建築物として東京名物になっていた。

その凌雲閣の上部が傾いている。そして、中央からやや上方の部分が裂けると右方へ倒れていった。

揺れつづける足元に新たな地響きが伝わって、建物の倒壊音が鼓膜をふるわせた。その光景に、かれの足は萎《な》え、全身に激しい痙攣《けいれん》が起った。凌雲閣が、倒壊したのである。

政男たちが立ちすくんでいると、凌雲閣の飛び散った煉瓦に傷ついた者や土埃に包まれた者たちが逃げてくる。さらに花屋敷の檻も破れたのか、さまざまな鳥類が飛び交い、獣類を射殺するらしい銃撃音もきこえてきた。

そのうちに、池の近くにあるキネマ倶楽部が傾いてきたので、政男は、他の人々とともに浅草観音の境内に逃げた。が、早くも花屋敷方面に起った火災の炎が近づいてきて、かれは母のいる家へ帰るため吾嬬橋を渡って本所区に足を踏み入れた。

凌雲閣は、東京の代表的な高層建築物であっただけにその倒壊は東京人の関心をひいた。その日、凌雲閣の頂上展望台附近には十二名乃至十三名の登閣者があったが、八階から折れたため地上にふり落されて即死し、ただその中の一名は途中福助足袋の大看板にひっかかって奇蹟的にも死をまぬがれた。

堅牢と思われていた他の大建築物にも倒壊又は大破したものが多く、丸の内のビルディング街でも工事半ばのビルや土台の軟弱な建物がつぎつぎに倒れた。さらに丸の内郵船ビルの裏手に建築中であった内外ビルも後方に倒れ、工事作業中の労務者三百余名が圧死した。

また芝区三田四国町にあった日本電気会社工場は米国製の最新式設備をもった三階建

て鉄筋コンクリート造りであったが、第一震でもろくも全壊した。当時工場内には約四百名の社員・職工が勤務中で、出口近くにいた十数名の者をのぞく全員が瓦礫の下敷きになって死亡した。

その他、市内各所に地割れが生じ、橋梁は落ち電柱は倒れ水道管は破裂して、隆起・沈下によって東京市とその周辺の大地は激しく波打った。

下町の本所区は、家屋全壊四百九十三戸、半壊四百七十九戸という大被害を受けているが、当時小学生であった内馬場一郎氏の回想談を記してみる。

「私の家は南二葉町にあって、本所被服廠跡《ひふくしょうあと》のすぐ前の横丁を入った所にありました。家業は金属加工業で、職人を十名ほどかかえておりました。

その日（九月一日）は二学期がはじまる日で、始業式を終えて帰宅してから十軒ほどはなれた友達の家に遊びに行きました。ひととき遊んだ頃、友達の家の台所でまな板に庖丁を小刻みにあてる音がしてきました。母から他人様の家で遊ぶのもよいが食事時近くになったらすぐ帰ってこなければならぬと厳しく言い渡されておりましたので、友達の家を出ました。

その時です。突然体がはね上ったと思った直後、地面が横に激しく揺れはじめました。立っているどころではなく、恐しさでしゃがんでしまいますと、傍の家の瓦が波のような音を立ててすべり落ち、壁も崩れてきます。そのうちに激しくきしみながら揺れていた眼前の家が、土煙りをあげて露地に倒れました。

私は、這ってでも家へ行くつもりでしたが、倒れた家で露地がふさがり進むこともできません。今にも傍の家が倒れはせぬかという恐怖で、私は物につかまりながら被服廠跡前の大通りへ辛《かろ》うじて出ました。路上にも、多くの家が倒れていました。

道に並木がありましたので、私は樹木にしがみつきました。木も右に左に揺れていましたが、この樹木をはなしたら死ぬと思いました。

どれほどたった頃かわかりませんが、私の肩をつかむ人がいます。振り向くと、それは梅原という父の雇っている若い見習い職人でした。梅原の言うには私の家もすでにつぶれてしまったということで、ひどく悲しい気持になりました。

震動が少しゆるやかになったので、私は、梅原と被服廠跡の敷地へ入りました。空地の多い亀戸村へ逃げようかという話もありましたが、広い被服廠跡の方が安全だと思ったのです。その頃、町の中から火事が所々で起きはじめていました」

東京帝国大学地震学教室の今村明恒助教授は、東京に大地震が発生した折には大火災が起ると警告していた。それは、安政二年の江戸大地震をはじめ地震が火災発生をうながす前例にもとづいたものだが、殊に東京市では石油ランプ等の新しい西洋器具が入っているので火災原因が増していると指摘していた。また市内に水道は発達してきているが、地震によって水道管が破壊され消防能力も失われ、市街は延焼するにまかせられるだろうと予測していた。

こうした今村助教授の警告はすべて的中し、さらに悪条件が加わって火災は随所に発生した。

その日、風向は南又は南東で、風速は低気圧の影響を受け十メートルから十五メートルとかなり激しいものであった。また夏季であったので火鉢、炬燵《こたつ》等の煖房具はなかったが、地震発生時が午前十一時五十八分四十四秒という正午寸前の時刻であったので、各家庭では竈《かまど》、七輪等に火をおこして昼食の仕度をし、町の飲食を業とする店々でも客に出す料理をさかんに作っていた。

地震が突然起った時、人々は激烈な震動に狼狽して竈等の火を消す精神的ゆとりをもつ者は少かった。殊に倒壊した家では、圧死からのがれるだけが精一杯で、竈や七輪におこっていた火の上に材木や家財がのしかかり、たちまち火災が起った。

また天ぷら屋などの飲食店では、激しい震動で油が鍋からこぼれ出て引火した。

さらに最大の発火原因になったのは、薬品だった。

学校、試験所、研究所、製造所、工場、医院、薬局等にあった薬品類は、棚等から落下して発火した。特に学校からの出火は最も多く、蔵前片町の東京高等工業学校(三カ所)、富士見町の日本歯科医学専門学校、明治薬学専門学校、牛込区市ヶ谷の陸軍士官学校予科理科教室、本郷区の東京帝国大学工学部、同大学医学部、同医学部薬学教室（四カ所）、同医学部外来患者診察室、麴町区の麴町高等小学校、芝区の慈恵会医科大学、小石川区の専修高等女学校、日本女子大学校からそれぞれ出火した。

地震発生と同時に、火災は東京市内十五区すべてに起り、麴町区一〇、神田区一二、日本橋区二、京橋区一〇、芝区三、麻布区一、赤坂区四、四谷区一、牛込区五、小石川区七、本郷区一〇、下谷区一二、浅草区二三、本所区一七、深川区一一、計一三四、また郡部でも四十四カ所から出火、合計一七八カ所にも及んだ。

そのうち八十三カ所は、出火後消防署員、民間人の消火活動によって消しとめたが、九十五カ所で発した火災は強風にあおられて巨大な火の流れとなって延焼し、さらに火災現場からの飛火も激しく、市内のみでも飛火によって百余カ所から火の手があがった。中には、隅田川を越えて対岸に飛火した例もあって、東京は炎の逆巻く世界に化した。

炎は炎と合流し市内のみでも五十八の大火系となって、最も速度のはやい火系は毎時八百メートル以上の速さで町をなめつくしていった。

五十八の火の流れのうち十三の火系は、百万平方メートル（約三十万坪）以上の地域を焼失させた。

まず本所区菊川町一丁目の煮豆商と二丁目の下駄歯入業、自動車業からそれぞれ起った火は合流して北へ進み、さらに東南に転じて一気に竪川《たてかわ》以南大横川東部の地域を焼きはらって郡部にも達した。

日本橋本石町三丁目の薬品商と薬種問屋から発した炎は強風にあおられて拡大し、北は神田川、南は京橋川、東南は大川、西北は高架線に達する日本橋区の大部分と神田区の一部を焼き、さらに京橋区船松町にまで火の手はのびた。

京橋区八官町の芸妓屋から起った火災は、東に進んで銀座通りを襲い、木挽《こびき》町をへて築地を炎に包み、その上、大川を越えて月島に飛火し附近一帯を焦土に化した。

下谷区入谷町の洋傘柄商から発した火は、北風に乗じ左右にのびて南進し、西は上野、東南は隅田川にまで達し、赤坂区田町の待合二軒と新町の蒲焼屋を発火点とする火は、東南に急進して芝区北部の中心地を突破し、古川にまで達した。

また浅草区蔵前の東京高等工業学校からの火は、浅草区南部、外神田、下谷南部を焼いて御成街道に及び、京橋区霊岸島塩町の足袋商から上った火の手は北進して日本橋区を貫き、大川を越えて深川区に飛火し遠く越中島にまで侵入した。

神田区猿楽町の人家に起った火災は本郷区を焼き、麴町区帝室林野管理局からの火は、内務省に飛火して神田区東北部に延焼するなど、炎は炎を呼び町々を焼きはらっていった。

消防署は全力をあげて消火につとめたが、頻発した火災の勢いは激甚をきわめ、それに対抗するには余りにも非力だった。風も火災発生と同時に激しさを増し、日没頃から夜の十一時頃までには風速も二十六、七メートルという烈風と化し、市内一面に猛火が轟々《ごうごう》と逆巻いた。

　さらに水道はいたるところで破壊され、浄水場の電力も絶えて水路は完全に断絶してしまった。そのため河川、濠、下水などに水を求めポンプの中継によって放水したが、その効果は薄く、避難民の群にもさまたげられて消防隊は苦闘した。中には猛火に包まれた隊もあって、二十二名の殉職者と百二十四名の重軽傷者を出した。

　大火災は、九月一日正午に始まり九月三日午前六時までつづいたが、東京市の四十三・五パーセントに達する千四十八万五千四百七十四坪という広大な地域が焼きはらわれた。殊に日本橋区は一坪も残らず焼失し、浅草区九十八・二パーセント、本所区九十三・五パーセント、京橋区八十八・七パーセント、深川区八十七・一パーセントとその被害は甚大だった。

　東京市の全焼戸数は、全戸数四十八万三千戸中の三十万九百二十四戸に及んだ。二百三十九戸が半焼し、死者・行方不明者（圧死・溺死をふくむ）六万八千六百六十名、重軽傷者二万六千二百六十八名に達した。

　火災の発生から鎮火まで四十二時間にも及んだが、焼失面積と対比してみると、一時間に二十四万九千六百五十坪、一分間に四千百六十坪、一秒間に六十九坪強が焼きはらわれたことになる。

また延焼をうながした最大の原因は、避難者の携行する荷物であった。人々は、家財を荷馬車や大八車に乗せたり背に負うたりして逃げまどい、路上はそれらの人と物によってあふれたが、迫った火は荷物に次々と引火していった。人々は、燃えさかる荷物に逃げ道をふさがれて焼死し、火勢はさらにつのって延焼していったのである。

さらに路上の電車に火が移って道路を越えて火の手がのび、電線が燃え進んで町々を焼く現象も見られた。

地震にともなう火災の被害は、横浜市に於ても甚だしかった。市の全戸数九万八千九百戸中六万二千六百八戸が全焼し、圧死者をふくむ死者は二万三千三百三十五名、重軽傷者一万二百八名にも及んだ。

六、本所被服廠跡・三万八千名の死者

東京市で最も悲惨な光景を呈したのは、本所区横網町にあった被服廠跡であった。陸軍省被服廠の建物があった場所で、被服廠移転にともなって大正十一年三月逓信省と東京市に払下げられ、一周三百メートルのトラックのある近代式運動公園や小学校等が建設される予定になっていた。

二万四百三十坪余の広大な敷地は三角状で、附近の人々は絶好の避難地と考え、地元の相生警察署員も同地に避難民を誘導した。そのため被服廠跡には多くの人々が家財とともにあふれたが、火が四方から襲いかかり、家財に引火し、さらに思いがけぬ大旋風も巻き起って、推定約三万八千名という死者を生んだ。この数字は、関東大震災による全東京市の死者の五十五パーセント強に達する。

被服廠跡で起った悲劇は、関東大震災の災害を象徴するもので、敷地の一坪当りに一・九名弱の遺体が散乱したことになり、死体が山積したのである。

奇蹟的にも死をまぬがれた者は少いが、生存者たちの証言によってその日の惨状があきらかにされている。

地震発生後、附近の人々は続々と被服廠跡に避難してきた。かれらは、家財を周囲に立てて、その中に家族がゴザなどをしいて寄り集っていた。

地震が正午前であったので、遅い昼食をとる者もあって広大な空地に避難できた安堵の色がかれらの表情に濃く浮んでいた。

そのうちに近くの町に火災が起りはじめ黒煙もあがったが、不安を感じる者はいなかった。避難者の数は時を追うにしたがって激増し、やがて敷地内は人と家財で身動きできぬほどになった。

町々が徐々に焼きはらわれて、被服廠跡にも火が迫った。そして、火の粉が一斉に空地にふりかかりはじめると、一瞬、家財や荷物が激しく燃え出した。

たちまち空地は、大混乱におちいった。人々は、炎を避けようと走るが、ひしめき合う人の体にぶつかり合い、倒れた者の上に多くの人々がのしかかる。

炎は、地を這うように走り、人々は衣服を焼かれ倒れた。その中を右に左に人々は走ったが、焼死体を踏むと体がむれているためか、腹部が破れ内臓がほとばしった。

そのうちに、烈風が起り、それは大旋風に化した。初めのうちは、トタンや布団が舞い上っていたが、またたく間に家財や人も巻き上げられはじめた。

大和久まつさん（当時十八歳）は、眼前に老婆を背負った男がそのまま空中に飛び上るのを見たし、荷を積んだ馬車が馬とともに回転しながら舞い上るのも見た。

大八車も、長持も人も飛び、空地に隣接した安田邸の塀の御影石などが人の群に降った。その間にも、煙に巻かれて倒れる人が続出した。

生き残ることの出来た人たちも、例外なく旋風に巻きこまれて飛ばされている。当時九歳だった佐久間稔氏は、父母、妹とともに宙を踏むように旧安田邸の塀ぎわに移動し、二メートルもある塀を越えて庭園の池の中に落ち、辛うじて死をまぬがれた。

旋風に巻き上げられた人々は、一カ所に寄りかたまって墜落し、人の山ができた。そこにも炎が襲って、人の体は炭化したように焼けた。

生存者の内馬場一郎氏は空中に巻き上げられて意識を失ったが、いつの間にか死体の山の最下部にいたことに気づいた。また当時十二歳だった西条久代さんも死体を処理する人の鳶口《とびぐち》にひっかけられる寸前に発見され、背をたたかれて意識をとりもどしたという。

その間、人々は土に爪を立ててくぼみを作りその中に顔を突き入れて空気を吸っていた。が、髪油をつけた女の髪に火がつくと、女は絶叫して立ち上りそのまま仰向けになって倒れる光景が続出した。

旋風で物が飛散したが、小櫃政男氏の体験談は旋風の激しさを鮮やかにしめしている。

かれは、浅草の映画館から吾嬬橋を渡って被服廠跡へ入ったが、そこで旋風に襲われた。かれは、友人の潮田と手をにぎり合って敷地内を逃げまどっていたが、突然焼けトタンがすさまじい勢いで飛んできた。その瞬間身近に乾いたような音が起り、潮田が倒れた。

引き起そうとしたかれは、意外にも潮田の頭部が失われているのに気づいた。トタンは、潮田の首を鋭利な刃物でないだように断ち切ってしまっていたのだ。首のない潮田の手は、かれの手をつかんだままはなさない。かれは、必死になって潮田の指をひらき、ようやく逃げ出すことができたという。

当時本所区亀沢町二丁目六番地に住んでいた山岡清真氏も生存者の一人だが、二十歳の折の体験を克明に記録に残している。この記録は大震・火災に襲われた東京の中で生きた一人の市民の姿を鮮やかに浮彫りにしている。その文章を整理し、記してみる。

私は、本所被服廠跡で奇蹟的にも辛うじて生き残った者ですが、今年は古稀を迎えます。これも亡き三万八千の霊とその折亡くなった養父母、父母の御加護によるものと感謝いたしております。

昨今しきりに専門家の方が地震何十年周期説などということをとなえておられますが、私のような者にはそれが正しいものかどうか一向にわかりません。しかし、万が一そのようなことが起きたらどのようにしたらよいのか、私の一夜の行動がもしも幾分なりと皆様の御参考になればと思い、生れて初めてペンをとった次第です。文章にもなにになっておりませんが、私の体験として申し述べるものでございますから、何卒《なにとぞ》そのお積りでお聞き取り下さい。また何分あの惨状の最中のことでございますから時間等が判然といたしませんが、大体自分だけの見当で申し上げますこと故、左様御承知置き下さい。

私の父は中風で臥《ふ》せっており、私は養子の身として養父母の家に住んでおりました。家は京極《きょうごく》高義子爵のお邸の隣で、被服廠正門前の小糸煙草店から六軒目でした。

その日――九月一日は、本所区だけかも知れませんが早朝から車軸を流すような大雨がひとしきり降り、十時頃にはやんで残暑の日射しがさしておりました。

私は、朝湯に入るのを楽しみにしていましたので近くの銭湯に行き、帰宅して養母のいれてくれた茶をのんでいました。

養父が、

「風がなくて暑いが、今日は二百十日なのに荒れなくていい塩梅《あんばい》だ」

と申しておりました。

正午近くになり、養母が食事の仕度をしてくれましたので、食膳の前に坐りました。膳の上には、茶碗むしが出ていました。

私が養父母と六歳の甥《おい》と一緒に箸をとろうとした時、庭に飼っていた鶏が犬か猫にでも追われているような鋭い鳴声をあげましたので、庭に眼を向けたとたん、ドスン、ドスンという音とともに家が前後に激しく揺れ、棚から物が落ち、茶箪笥《ちゃだんす》が倒れ、お膳の上の食器も飛び散りました。私は、次の間の太い柱にしがみつこうと思いましたが、老いた養父母と甥に両足をつかまれて自由を失い、ようやくかれらをひきずって柱にとりつきました。恐しいほどの揺れ方で立っていることなどとてもできません。養父母は、

「清《きよ》、どうする」

と、顔面蒼白で問いかけてきますので、私は、

「今に鎮まる」

と答えはしましたものの、恐しさで体がふるえて困りました。

そのうちに揺れがわずかながらも弱まりましたので、近くの実家に行きますと、寝たきりの実父は、

「清、おれはこのまま死んでもいいが、ばあさんを頼む」

と、心細いことを言います。

私は、実父をはげまして外に出ますと、銭湯の窓ガラスが割れて中から入浴中怪我をした女の人が出てくるのに出会いました。が、今時のようにズロース一枚で表に飛び出すような女の人はおりませんで、ガラスで傷ついた体に浴衣《ゆかた》をつけて、それが血に赤く染まっており、まるで赤い五月の鯉のぼりのような恰好《かっこう》で家の方へ帰って行きました。

電車通りに出てみますと、小糸煙草店から四、五軒先の二階屋がつぶれて平屋のようになっておりました。通りに飛び出していた人々の顔は白っぽく血の気がありません。かれらは、口々にこのような大地震の後には津波が押寄せてくると騒いでおりましたが、眼の前の被服廠跡に避難した方がいいという者がおりまして、皆そうだ、そうだと言うことになって早くも荷物を敷地内に運びこむ人もおりました。そして、われ先にと良い場所をえらんで家財を積みはじめました。

私は、中風の実父を空地に移したいと思い、十八貫もある父をかついで運び、さらに戸板と畳を持ってきて父を横たえ、二軒分の場所をとることができました。大体一戸当り畳を十枚近く敷き、荷物を廻りに置いて、まるで夜店が並んだようでした。

「地震が来ても、もう大丈夫だ」

などと人々は言い、ただ雨が降ったら困ると心配したりしていました。

実父が、陽光にさらされて暑いといいますので、私は戸板で日除けをつくってやり、それから養父母、甥も連れてきて家から荷物運びにとりかかりました。私は、家と空地の間を何度も荷物をかついで往復しましたが、そのうちに電車通りを避難する人の数が増してきて思うように横切れなくなりました。被服廠跡に入ってくる者が大半でしたが、南に行く人もあり荷車を妻に後押しさせて北へ行く人もあり、また被服廠跡にまだ入れるかなどと言って正門から入ることを諦《あきら》め本所郵便局の方の門に廻る人もいました。こんな状態になったのは、午後一時半か二時頃だったと思います。

私たちも周囲にいる近所の人々も津波が押寄せてくることを心配していただけで、火に包まれることなど念頭にもなかったのです。のんびりとした気分で、隣家の持木という家の小母さんなどは、

「清ちゃん、余り乱暴に歩かないでよ。泥水が箪笥にかかるから……」

と言うので、

「すみません」

と詫びたりしましたが、その小母さんの家族も全滅してしまいました。

その頃、町内の銭湯と天理教の教会が焼けるのが見えましたが、それでも広い空地にいるので火事に対する不安は全くありませんでした。

私は、荷物運びをつづけていましたが、実父が先祖伝来の銭箱を持ってこいと申しますので再び正門から出ました。しかし、電車道は荷物をもった人であふれておりまして、横切るのに苦労いたしました。それでもようやく重い銭箱をかついで空地に引き返しましたが、それを最後に荷物を運ぶことは諦めました。

銭箱を実父の傍におきました時、ゴーッという無気味な音がきこえ、眼をあげて見ますと東南の両国駅方面に真黒な雲のようなものが両腕をひろげるように迫ってくるのが見えました。

なんだろうと思ってみていますと、風が急に激しく吹きつけてきましたので、私はなんとなく不安になりました。その時、養母は西の方に顔を向けて立っていましたが、それが私の見た養母の最後の姿でした。

その直後、私は自分の体が宙に浮くのを感じました。高さは二メートルほどで、すぐに落下しましたが、幸い綿毛布の上に落ちたので骨を折ることもなくすみました。これは最初のつむじ風ですが、高く巻き上げられた人も多くいたようです。

轟々という音がしてあたりは真暗になり、その中を大八車が回転しながら空にのぼってゆくのを見ました。

私は、急いで綿毛布を頭からかぶり、さらに近くにあったゴザの下にもぐりこんで突っ伏していました。眼が暗さになれて周囲を見廻しますと、近所の方々も所々に寄りかたまってうずくまっていました。

風は相変らず物凄く、そのうちにあたりが急に明るくなりました。ガスに点火でもしたように、荷物が一時に炎をあげはじめたのです。と同時に、それらが旋風に乗って舞い上り、飛び交いはじめ、人の群の中に落下するのです。

悲鳴が所々で起り、人々がつぎつぎに倒れてゆきます。私は息苦しくなったので、地面に顔を伏せると呼吸が楽になることに気づきました。私は、炎の間を逃げまどいながら、息が苦しくなると地面に伏して息を吸いました。その頃には、すでに息絶えた人の体が所々にころがっていて衣服から炎が起っていました。

そのうちに、後方から火勢が強くなったらしく、「わーッ」と言う叫び声がして大群衆が私の方に迫ってくるのが見えました。それは何千という人の数で、体をぶつけ合いながら狂ったように駈けてきます。

踏みつぶされましたら殺されることははっきりしていますので、地面近くの空気を吸って走り出しました。

その時、横を走っていた三十歳前後の夫婦の連れていた子供が、なにかにつまずいて倒れ、母親が抱き起そうと立ちどまりました。が、夫は妻の手を強引に引っぱり子供を置き去りにして走っていってしまいました。子供はおそらくすぐ後方に迫っていた大群衆に踏み殺されたにちがいありませんが、子供を抱き起したりすればその母親も押し倒されたと思います。いずれにしても恐しい光景でした。

走りながら前方を見ますと、すでに死体の山が出来ていて家財等が燃えています。それを乗り越えねば、後方からの大群衆に押し倒されてしまいます。

多くの人々が死体の山を乗り越えているのが見えましたが、その上を越える時に倒れる人もいて、その上に他の人が積み重なってゆきます。注意して見てみますと、倒れる人は死体の腕や太腿の上を踏む人にかぎられ、丸みがあるので足がすべるのです。それに気づいた私は、倒れた人の胸や背中を踏んで走り死体の山をようやく乗り越えました。

息が苦しく何度しゃがもうとしたかわかりませんが、そんなことをしたら踏み殺されますので、群衆の中にもまれながら走りつづけ、ようやく人の動きが鎮まりましたすきに地面に顔をつけて息を吸いました。

その間にも木材や家財が舞い上り落下するので、悲鳴が絶え間なくつづいていました。私は、何千人とも知れぬ人々とともに右へ左へ移動することを繰り返していましたが、不思議なことに倒れた人の体にはすぐ火が燃え移ります。衣服も焼けはがれて裸体同然ですのに、たちまち人の体が炎に包まれることが不思議に思えました。

馬車も群衆とともに右往左往していましたが、馬がひどく暴れ、そのため多くの人が蹴殺されていました。

風は一段と激しくなり、集団の先頭にいた者たちが被服廠時代に立てられたトタン塀に吹き寄せられてゆきましたが、そのトタン塀が炎で赤熱していて、そこに人の体がはりつきますと、キリストが十字架にかけられたように例外なく両腕をひろげます。遠くなので声はきこえませんでしたが、おそらく絶叫したにちがいありません。赤い塀を背景に、人間がつぎつぎとはりつき、たちまち炎に化してゆく光景は、今でもはっきり眼に焼きついています。

私もその塀に吹きつけられるのかと恐ろしくなりましたが、私は後方であったので必死に足を踏んばり、坐りこむと息を吸いました。

そのまましばらくじっとしていましたが、気がついてみると群衆の数はかなり減っていまして、炎を避けて移動を繰り返していました。だれも言葉を口にする者はなく、黙々と歩いたり走ったりしていました。

人の数がさらに減り火勢も衰えたと思っていましたら、また急に熱くなり私たちは移動をつづけました。殊に両国駅には汽車用の貯炭場の石炭がさかんに燃えていて熱いので、その方向には近づかず、すでに焼け落ちている本所郵便局の方へ動いてゆきました。

私は、ふと何時頃かなと思いましたが時計はなく、空を見上げました。

真赤なお月様が出ていました。が、いくらなんでもまだ昼間のはずだと思い、よく見てみますと、それは太陽でした。燃え上る炎と煙に包まれているので少しも眩しくないためお月様かと錯覚したのです。いつもより太陽が大きく見え、大分西に傾いていましたから、三時半か四時頃だなと思いました。

あたりには、死んだ人が折り重なって倒れています。私たちは、死体を踏んで走りつづけました。

意識がなんとなくかすんできましたが、私は時折りしゃがんで息をととのえ、人々の後について歩きました。

どれほどたった頃か、だれかが、

「一時だ」

と言うのを耳にしました。いつの間にか九月二日の午前一時になっていたのです。

それから、私の記憶はぷっつりと絶え、眼をさました時には東の空に太陽がのぼっていました。空は晴れ、風もない上天気です。午前八時頃ではなかったかと思います。

なぜ意識をとりもどしたのか私にはわからず、あたりを見廻しますと近くに四十歳ぐらいの労働者風の人が印絆纏《しるしばんてん》に氷を包んで、それを倒れている人の口にふくませてやっています。

私は、ああこの人が私に氷をくれたので気がついたのだなあと思いましたが、体は大きな重石《おもし》でおさえつけられたように動きません。

生きていると思ったのは錯覚で、私は死んでいるのかも知れないと思いました。

陸軍省被服廠跡で焼死または窒息死した者は約三万八千人といわれているが、正確な数はつかめていない。ただ被服廠跡を管内とする相生警察署が警視庁に提出した「九月一日起災害状況」中に記載されている死者数は、災害直後の調査にもとづく報告であるだけに最も信頼のおけるものと思われる。

それによると、被服廠跡及びその附近で三万八千十五体、緑町附近その他に於て六千三百体、合計死者数四万四千三百十五体で、そのうち男二千七百二十体、女二千三百一体、黒こげになって性別不明のもの三万九千二百九十四体と記されている。

また同報告書には、被服廠跡に流れこんだ避難者は約四万人と書きとめられていることから判断して、五パーセントの約二千名が奇蹟的に死をまぬがれたものと推定される。かれらは、火傷や落下物等による傷を負って被服も焼け、裸身同然の姿で市内に散った。

二十歳の山岡清真氏の回想には、大震火災に襲われた東京の町をさまよい歩く一人の人間の姿が鮮やかに浮き彫りにされている。

私は自分の体がすでに死体になっているのだと思いました。眼の前が暗く、大きな重石におさえつけられているようで体が動かないのです。

そのうちに首筋になにか南瓜《かぼちゃ》のようなものがこびりついているのに気づき、上を見ますと私の上に五、六人の人が重なっているのを眼にしました。そして、私のすぐ上にのしかかっている人の腕がちぎれ、そこから血が私の首にポタリポタリと落ちています。

私は、手を動かして首のその部分にふれてみました。南瓜かと思ったのはしたたり落ちた血の塊りで、子供の頭ほどの大きさになっていました。

私の下には、四十歳ぐらいの女の人が水溜りに頭を突きこんで死んでいて、私はその人の腿を枕に顔を左上にして横たわっていたのです。その女の人が下にいなかったら、私も水溜りに口と鼻をふさがれて窒息死していたでしょうし、上に人が重なっていなければ、私は炎にあぶられて焼死していたにちがいありません。

それから私は起き上ろうとしましたが、体がどうしても動かず必死になってもがいていますと、二人の若い男が姿をあらわし、

「おい、早く出ろ」

と言いました。

「出られないのです」

と、私が辛うじて答えると、男たちは私の両手をつかんで死体の中から引きずり出してくれました。

私がお礼を言いますと、男たちは黙ったまま歩いて行ってしまいました。

立ち上ろうとしましたが体が痛み足も立たず、しばらく私はあたりを這い廻っていました。そのうちにどうやら立ち上ることもでき、自分の体を見廻しますと全身傷だらけになっていました。

私は、よろめきながら歩き出しましたが、連なった死体の中にまじって横たわっている一人の女の姿が眼にとまりました。女は妊婦で赤ん坊を産み落していましたが、その赤ん坊の足がまだ女の下腹部からはなれていません。女も赤ん坊も、そのままの姿で死んでいました。

救助に来たらしい人が、

「なにがなんでも、こんな姿をお天道様にさらしていては可哀相だ」

と言って、傍にあった焼けトタンをその母子の死体にかぶせてやっていました。

私は、両親のことが気がかりになり避難した場所に行ってみました。昨日箪笥や家具類で夜店の露店のように各家族が憩うていた場所には、なにもなくなっていました。が、そこに私は、木炭のように焼けた一個の死体が横たわっているのを眼にしました。その人一倍大きい体は、実父にちがいありませんでした。

中風で足腰の不自由な父は、私が横たえたままの姿勢で焼死していたのです。私は、その死体をどうすることもできず、せめて後で氏名だけはわかるようにしておきたいと思いましたが、あたりには木片一つありません。やむを得ずそこらにあるものをかき集めて死体をおおいかくし、合掌するとその場をはなれました。

私は、自宅へ行ってみようと思い被服廠跡の正門から出てみますと、溝には死体がぎっしり詰り、電車通りにも焼けた大八車や家財に埋れるように死体がたくさんころがっていました。

私は、無駄と知りながらも自宅のあった場所へ行ってみましたが、あたりには煙がくすぶっているだけでだれもおりません。後で知ったことですが、ほとんどの家が全滅してしまっていたのです。

私は、電車道を通って再び被服廠跡にもどりました。両国駅の駅舎は焼け落ちていましたが、貯炭場の石炭はまださかんに燃えていました。

外部から人を探しに来たのか、死体の中を歩く人が見えるようになりました。

九時頃でしたでしょうか、私は疲れきってしまっていたので一休みしようと思いましたが、どこも死体ばかりで坐ることが出来ず、結局自分が助け出された場所に行って腰をおろしました。

なんとなく左の腿が変なので見てみますと、親指大の石が深くめりこんでいました。今まで気づかなかったのが不思議で、私は爪を立てると石をほじくり出しました。

私は、その場に身を横たえて休み、立ち上るとあたりを歩き廻りました。

死体の山の中には、まだ生きている人もいました。眼がつぶれ、口だけかすかに動かしている人、手足を痙攣《けいれん》させている人、ぼんやりと空を見上げて横たわっている人もいました。

私は、山のようになった死体の下に動いている人がいるのに気づいて近づきました。それは体の三分の二ぐらいが焼けただれた老婆で、赤く皮膚がむけ、すでに手の施しようもない状態でした。

老婆は手に十円札の束をにぎっていて、私にうつろな眼を向けると、

「私は、緑町のものです。家に連れて行ってくれたら、この金を全部やります」

と、言いました。

私は、

「おばあさん。緑町も全部焼けて家なんか残っていませんよ。今に家の人が迎えに来るだろうから、そのお札はしまっておいた方がいい。人にとられてしまうよ」

と言いましたが、老婆は私の言葉もきこえなくなっているのか、十円札をふりかざしては同じ言葉を繰り返していました。

私は、その場をはなれ、しばらくしてから老婆のいた場所にもどってみますと、すでに老婆は死んでいて、その手につかんでいたはずの十円紙幣の束もなくなっていました。おそらくだれかが老婆の手から紙幣をもぎとって去ったにちがいありません。

私どものように被服廠跡で生き残った者と、外部から入ってきた人とはすぐに区別がつきました。私たちの髪は焼け、顔は血と油煙と泥で汚れ、衣服も焼けこげているのに、外部から来た人はまともな衣服を身につけていたからです。

私は、そのうちに外部から来た人たちが知人を探している者だけではないことに気づきました。かれらは、死体には眼も向けずしきりに物品のみをあさって歩いているのです。手提金庫をこわしたり、焼け残った品を手にとったりして、なにかめぼしいものを見つけるとそれを素早く懐に入れます。私には、それらの盗みをはたらいている人たちが悪鬼のように思えました。

警察官の死体も、かなり眼につきました。

可哀相に思ったのは、まだ二十歳にもならぬような娘さんが、それこそ一糸もまとわぬ姿で歩いていたことです。その娘さんは下腹部に小さな焼けトタンを当てて近づいてきましたが、私がもう少し年をとっていましたら自分の身につけている泥と煙で汚れた浴衣を少しでも引き裂いて手渡したのでしょうが、何分こちらも二十歳の若さなので眼をそむけて通り過ぎました。後で考えて、なぜ浴衣を裂いてやらなかったのかと後悔しました。

私は、知った人にも会えませんので、裏門の方から外に出ました。そこも死体の山でしたが、大川端に行くと、そこには布団や食料品等をもった人が多勢いました。聞いてみますと、熱いことは熱かったが、どうにかしのぐことができたということです。

急に空腹感と咽喉《のど》の激しいかわきを感じましたが、そこへ兵隊が二人来て、

「玄米の持ち合わせがあるから焼いてやる」

と言って、焼けトタンの上に玄米をのせ、下から火をたいて焙《い》ってくれました。

玄米を口に入れたので少し力が出てきましたが、却《かえ》って咽喉のかわきがひどくなりました。しかし、兵隊も水をもっていないので大川の水でも飲もうと思いましたが、川には死体と木材がぎっしり浮んでいて口をつける気にはなりませんでした。

私は、足が痛むので近くの朝顔園で竹を拾うと、それをついて川沿いに厩橋の方へ歩きました。が、厩橋も焼け落ちていて、さらに進み源森橋に来ました。その橋も焼けて

いましたが、太い水道管だけが残っていて、その上を多くの人が渡っています。

午後二時頃だったと思いますが、大分人も出て来ていて、どうしてこんなに多くの人が生き残っているのかと不思議に感じました。

私は、他の橋もすべて焼け落ちたとききましたので、水道管を渡って川向うに行こうと思いました。

対岸には、在郷軍人の外衣をきた男が太い棒をもっていて、両側から二十人ずつ交互に水道管の上を渡るよう指揮しています。私の渡る番が来ましたが、私は足に傷を負っているので一番後の二十番目に渡った方がゆっくり渡れると思い、最後尾につきました。いよいよ十九番目の人が渡りはじめたので、私もその後について行きましたが、真中ごろまで来た時、私の足はおくれて前の人との間隔が一間半（約三メートル）ほどにひろがってしまいました。川幅は、十五メートルもありましたでしょうか。

私の姿に眼をとめた在郷軍人が、

「なにをしているんだ、あいつは……。こちらから渡るのを待っている者がいるのに困った奴だ。面倒だ、川へ突き落してしまえ」

と、傍の男に言っているのがきこえました。

私は、驚きました。下を見ると源森川の濁流が、死体や木材とともに轟々と流れています。

「少し待って下さい。急ぎます。渡ります」

と私は言って、竹杖を手にようやく向う岸にたどりつきました。

そこは墨田《すみだ》堤の南端で桜の名所でしたが、その川ふちにも何千という死体が盛り上っていいます。私は、それらの死体をながめながら言問《こととい》橋のたもとまで行きました。そこら附近には、焼けない家が並んでいました。

前方に人の列が見えましたので、なんだろうと思って近づきますと、在郷軍人や青年団や婦人会の人たちが大きな釜二つにお粥《かゆ》を炊いて、一人にお碗いっぱいずつ与えています。

私は、お粥を食べたいと思い列の最後尾につくと、在郷軍人の人がすぐに近づいてきて、

「なんだ、お前は。そんな恰好をして……」

と、険しい表情をして私の姿を見廻しました。

私の浴衣は泥と血でまみれ、頭髪も焼け、顔にも手足にも傷口から血がにじみ出ています。それに空腹と疲労で眼のくぼんだ私を、男は乞食とでも思ったにちがいありません。

「なんだお前は。返事をしろ」

と、在郷軍人の男は怒鳴りました。

私は、おびえながらも被服廠跡でようやく助かりここまで来たと言うと、

「そうか、それは可哀相だ。昨日から水も飲んでいないのか、こっちへ来い」

と、男は私の腕をつかんで釜の方へ連れて行き、

「この者に二杯やれ」

と、命じました。

私は、碗に口を当てました。白い粥は誠においしく、あんなにうまいものを食べたことはありません。たちまち二杯のお粥を食べてしまいました。

在郷軍人の人は、

「もっとやろうか」

と言ってくれましたが、私は、

「ほかの人に悪い」

と、辞退しました。が、その人は、

「まだたくさんある。遠慮するな」

と言って、もう一杯お粥をくれ、縁台に腰をかけさせてくれました。

「今までに被服廠跡で助かった人が来ませんでしたか」

私が男にたずねると、

「お前が初めてだ。早くお前がそのことを言ってくれたら、すぐに粥をやったのに」

と、答えました。

あたりを見廻しますと、附近は何事もなかったように家並もずっとつづいています。私は、なんだかばかばかしくなって、あんな苦しい思いをしたのは自分たちだけかと、この附近の人たちを羨しく思いました。

私は、在郷軍人の方たちに厚くお礼を述べて、人の流れについて白鬚《しらひげ》橋の方へ歩いてゆきました。お粥も食べ水も飲み、それに家並も焼けずに残っておりますので、気分も落着きました。

日が傾きはじめて、私は心細くなりました。

一緒に歩いている人が、もう少し行くと鐘淵紡績の工場があってそこへ行けば寝るぐらいの所はあると言い、足を早めはじめました。私も杖をついてその後について行きますと、鐘紡の近くまで来た時、看護婦さんが二人走って来て、両側から腕をかかえてくれました。

鐘紡の入口には臨時救護所があって、医師が私を腰かけさせてくれ、看護婦さんも葡萄酒を飲ませてくれたり体をアルコールでふいてくれたりしました。

医師が、どこから来たのだと言うので、本所被服廠跡で火に包まれたと答えますと、何を作る工場だとたずねました。私は、以前は陸軍の将兵の衣服を作っていた工場があったが、今では移転して空地になっていると説明しました。

医師は、私の傷を治療しながら、

「お前がこんなに怪我をしているところを見ると、大分死人も出たんだろうな」

と言いますので、

「そうですね、五千人ぐらいは死んだと思います」

と、答えました。

医師は、

「法螺《ほら》を吹くなよ、人が五千人も死んだら大変なことだ」

と、笑い出しました。

そう言えばたしかに医師の言う通りで私は恥しくなりました。が、どれ位かわかりませんがずいぶん多くの人が死んだことはまちがいありません、と答えました。


その後、山岡氏は、鐘淵紡績で治療を受け、一週間後に千葉県の佐倉の連隊が治療所を設けていた隅田小学校に移された。

かなりの重症であった氏は、陸軍病院に収容され、ようやく死をまぬがれたのである。氏は、鐘淵紡績の医師に五千名の死者が出たと言って笑われたが、四万名近い市民が焼死したなどとは信じられなかったのだろう。本所区被服廠跡の悲劇は、関東大震災の災害中最大のものであったのである。

被服廠跡の災害について、その原因は被服廠跡附近を管内とする相生警察署の判断のあやまちに帰すべきだという説がある。つまり被服廠跡に避難民を約四万人も誘導したことが、約三万八千名の死者を生んだというのである。

相生警察署の動きを追ってみると、九月一日地震発生と同時に、署長山内秀一警視は、屋上バルコニーから管内を展望した。その結果、家屋の倒壊が随所に見られたので、警部補有馬艶松に命じて非番の署員を緊急召集し、午後一時頃には各派出所区内に配置させた。そして、署員も担当区域を走り廻って消火、人命救助に努力した。

やがて火災が起ったので、山内署長は避難者を両国橋から上野または日比谷方面に誘導しようとし、部下を督励して両国橋にみちびいた。

しかし、間もなく両国国技館とその附近から火災が起り、両国橋を渡ることが不可能になった。

そのため山内署長は陸軍省被服廠跡を避難場所と指定したのだが、この処置は決して不当なものとはいえなかった。

被服廠跡は二万四百三十坪の広さをもち、家屋の密集地帯である相生署管内の地域では、ただ一つの広大な空地であった。生存者たちの証言でも、かれらは被服廠跡を最も安全な避難場所と考え、自発的にその構内に流れこんだ。つまり山内署長の判断と一般人のそれとは完全に一致していたわけで、相生署が強制したものではなかった。ただ署員の中に避難者を急がせるため佩剣《はいけん》をふりかざして被服廠跡に入ることをうながした者が多かったので、後にそのような誤解を生んだのである。

さらに山内署長が、避難者を被服廠跡内に誘導しその結果約三万八千名の死者を出した責任を負って、割腹自殺したという説が今でも残されている。が、これも事実とは相違している。

山内署長は、部下とともに被服廠跡に入って旋風と火炎に包まれた。かれらは地に伏したが、旋風がおさまった頃山内の姿は見えなかった。

辛うじて死をまぬがれた警部原清治は、署長をはじめ署員の安否を気づかって死体の中を探し廻った。そして、かれが或る場所までくると、突然死体の群の中から左腕に幼児を抱いた婦人が立ち上り、

「ヤマグチです、ヤマグチです」

と、叫んだ。

原警部は、

「山口？　山内？」

と、反問した。

婦人は、言葉も思うように発することができないようだったが、ようやく、

「山内です」

と、答えた。

原が走り寄ると顔が焼けただれて容貌が一変していたが、それはまちがいなく山内署長の夫人であった。

原は、同行の首藤電信技手と夫人を抱きかかえたが、夫人の腕の中の幼女はすでに死亡していた。

夫人は、管内でただ一つ焼け残っていた御蔵橋巡査派出所に運ばれたが、九月三日午後五時絶命した。

山内署長は行方不明になっていたが、九月四日午後十一時頃その帯剣が発見された。それによって山内は焼死したものと断定された。

被服廠跡の惨事は、突然起った大旋風と敷地内にぎっしり運びこまれた荷物の燃焼によって起った大火災によるものであった。

その旋風については震災予防調査会委員寺田寅彦理学博士が調査結果を報告しているが、旋風の規模は、世界にも類を見ない激烈なものと判定している。

当時、中央気象台に詳細な調査資料を提供した篤志家渡辺金三の資料の中に、無気味な二葉の写真がおさめられている。それは、だれが撮影したのか明記されていないが、惨事の起る直前の被服廠跡の写真なのである。

その一つの写真には、荷物に腰をおろしている婦人たちの姿が映し出されている。前夜来の雨で地面には水が溜り、後向きになった少女は裾をからげている。画面の左部には、嬰児《えいじ》を背負った和服姿の女性が立っているが、彼女たちの顔には、安全な場所に避難できた安らぎの表情が一様に浮んでいる。

他の写真を眼にした私は、思わず背筋の冷えるのを感じた。

その写真には、「本所被服廠構内惨劇の一瞬前」として、九月一日午後二時頃撮影と附記されている。

写真には、人と家財に埋もれた構内が映し出されている。荷を高々と満載した大八車が随所にあり、その間隙に荷物と人がぎっしりとつめこまれている。洋傘や番傘が所々に見え、その下で人々が陽光を避けて坐っている。

カンカン帽をかぶった男たち、和服姿の少年少女、手拭を姉さんかぶりにした女たちが無数に見える。二万坪の構内に四万名の避難者が殺到していたことから考えて、一坪に二名の人間がいた計算になるが、その他馬車、大八車、家財等が運びこまれていたわけだから、立錐の余地もない状態であったのだ。

この写真でも、人々の顔に不安の表情は薄い。カンカン帽をあみだにかぶった男の顔は平静であり、食事をしているらしく手を口に近づけている中年の婦人の顔も見える。

本所区吉岡町三十八番地の洋傘骨製造業近藤二郎が渡辺金三に述べたところによると、火に追われてきた近藤は、被服廠跡に入った時、空気が澄んでいて涼気を感じたという。

同区石原町五十八番地に住んでいた子安政七の証言も近藤と一致していて、たしかに構内は涼しく、避難者たちもみな安心しているようだったと述べている。

威勢のよい男たちは、向う鉢巻で荷物の上に立ち、遠く立ちのぼる炎を、

「きれいだ、燃えてる、燃えてる」

などと言って、はしゃいだりしていた。

中には退屈しのぎに碁をやろうと、碁盤をもっている者を探す男もいたし、菓子やパンを食べて談笑している女たちもいた。

まだ火が迫っていなかったので、被服廠跡近くの食料品店では店を開いて食物を売っていた。また旗を立てて、カルピスや飲料水を売って歩く者もいて、構内には一種の賑わいがみちていたのだ。

大旋風が被服廠跡を襲ったのは午後四時頃と推定されるが、大惨事に巻きこまれた被災者たちの記憶は曖昧である。しかし、その中で本所郵便局の局員木村喜市の回想は、旋風の発生時刻をしめす貴重な証言である。

本所郵便局は、被服廠跡敷地の最北端に建っていた。そして、被服廠跡の西側にはそれぞれ池のある財界人安田善次郎の建てた安田本邸と安田旧本邸の広大な庭園が接していた。木村たちは、地震発生と同時に渋谷郵便局長らとともに被服廠跡に面した俥置場《くるまおきば》に避難した。

氏の言によると、旋風は三回起った。その発生時刻は、渋谷郵便局長のもっていた時計で確認したもので、第一回の旋風は、丁度午後四時に安田邸の方向から東北東方向に向かって通過した。この旋風によって、郵便局の瓦はすべて空中に飛び、十坪の物干し台が運び去られた。

第二回の旋風発生時刻は七分後の午後四時七分で、同じく安田邸の方から襲来し、七十二坪の俥置場の建物が持ち去られ、トタン屋根が紙片のように舞った。

第三回の旋風は午後四時十分に起り、局員たちは身の危険を感じて被服廠跡に逃げこんだ。すでに構内には火が狂ったように走り、局員たちはその中を逃げまどった。

午後五時頃、風が北に変り、五十分後に火も鎮まった。渋谷郵便局長は、

「記念すべき五時五十分」

と叫び、木村たちはかすれた声で万歳を叫んだという。

旋風の激しさをしめす多くの証言がある。

相生署警部補佐々木俊雄は、被服廠跡に隣接した安田邸と高等工業学校の間の川の水が巻き上げられ、それは数十メートルの高さにまで達したのを目撃した。

また五代正友という学生が遭難者の一人から聴きとった覚書によると、荷車が荷物とともに巻き上げられ、遠くの本所郵便局の屋根に落下し、何百という人間が豆を投げたように巻き上げられるのを眼にしたという。

災害後、理学博士寺田寅彦は被服廠跡に隣接した本所区横網町安田邸内の災害跡を視察し、旋風の状況を調査した。

邸内の庭園の樹木は、ほとんど根こそぎにされていて、中には捩《ね》じきるように断ちきられた樹木も多く見られた。

立っている樹木には赤く錆びた焼けトタンが手拭でも絞ってたたきつけたようにからみつき、種々な衣服の切れはしや布片が高い樹の梢に巻きついていた。邸内の番人の話によると、これらの樹木の枝に自転車などもひっかかっていたという。

また庭の植込みの中に一台の荷車が車輪をくだかれころがっていた。これは、周囲の状況から察して旋風に巻き上げられた荷車が、庭に落下したものと判断された。

旋風は、被服廠跡附近以外にも市内各所で起った。

被服廠跡を襲った旋風は番場町附近で急に激烈なものと化し、それが独楽《こま》が廻るように厩橋をかすめ川に沿って横網町安田邸附近に達し、そこから東方へ巻き返して、原町で他の数個の旋風と合流、北東方向から被服廠跡に殺到したものと推定された。

その通過コースにいた者のうち、或る者は旋風でトラックが少し浮き気味に倒れるのを見、また他の者は隅田川の水が直径十メートルほどの円筒状になって十メートル以上の高さで川面を走るのを見たという。

その他、向島、南千住、蔵前、両国橋以南、本所区南部、深川、下谷区車坂、芝区、

神田区等の各方面にもかなり激しい旋風が起った。それは、大火災にともなう現象だが、その日不連続線が近くを通過中という気象状況の影響も受けて、異常な旋風となったとも推定された。

被服廠跡で焼死した者たちの中には、一酸化炭素による窒息死が多かった。助かった者たちの大半は、死者の山の下方に自然にもぐりこんでいた者だが、上方の焼けた死体の脂が体をおおい、眼も脂で閉ざされてしまったという例もかなりあった。

七、浅草区吉原公園・娼婦たちの死

本所区被服廠跡についで死者の多かったのは浅草区田中小学校敷地内千八十一名、本所区太平町一丁目四十六番地先横川橋北詰七百七十三名、本所区錦糸町駅六百三十名、浅草区吉原公園四百九十名、深川区東森下町百九番地先二百三十七名、深川区伊予橋際二百九名、本所区枕橋際百五十七名等となっている。この死者数の多い場所は、広場か橋の袂で、火に追われた人々が密集して身動きならぬようになった時に火が四囲から殺到したことをしめしている。

このような惨事の起った場所の中で、被服廠跡以上に死者が一カ所に山積されたのは、浅草区吉原公園であった。

地震の起った前日の夜は、なぜかわからぬが新吉原に遊客が驚くほど多く、廓内は賑わった（幇間松廼家喜代作氏の回想）。そうしたこともあって、芸妓や遊女の眠りは深く、九月一日正午寸前の地震発生時には、町は前夜の歓楽に疲れきったように静まり返っていた。

地震発生と同時に、廓内では倒壊する家が続出し、圧死する者が多かった。

当時二十八歳であった新吉原芸妓松木やすは、夜の白々明けに家に帰って眠り、眼をさまして洗顔をすました頃、地震に襲われた。

家の壁が落ち、立つこともできないので這って外に出たが、すでに近所の家は潰れ、自分の家も倒壊寸前であった。

やすの住む水道尻には、相万楼という娼家の主人が建てた貸家が並んでいて、そこに仲之町の大店に出入りする芸妓が多く住んでいた。彼女は、他の芸妓たちと一坪ほどの広さをもつ鉄板の上に身を寄せ合って坐りこんだ。地割れがして土中に落ちこむ時は、一緒に死のうと考えたのである。

そのうちに火災が起り、それはまたたく間にひろがった。廓内で火災の発生したのは、江戸町二丁目三十二番地第二北浜楼、京町二丁目五番地小文字楼支店、揚屋町二十三番地一声楼の各貸座敷で、隣接の千束町では豆腐店、洋食店、餅店、セルロイド工場、ボール箱製造業の計五カ所であった。それらはすべて倒壊家屋で、家人は発火原因になるものを消す余裕がなかったのである。

廓内の空地といえば、吉原公園以外になかった。その境内には弁天池と称される池があって、夏には納涼客の散策の地でもあった。

火が迫ったので、芸妓たちは廓内ただ一つの避難地である吉原公園に走った。松木やすは、友人の芸妓三隅なか子と手をとり合って公園内に入ったが、その折の光景を左のように回想している。

私は栄太郎、なか子さんは千恵子という名でお勤めをしていましたが、千恵子さんと公園の中に入りますと、荷物を手にした芸妓や町の人たちが詰めかけていました。私は起きたばかりでしたので寝巻一枚きたままでしたし、千恵子さんは寝巻の上にどこから持ち出したのか印半纏を羽織っておりました。芸妓の中には三味線を持っている人もおりましたし、畳まで持ちこんでその上に坐っている人もおりました。

そのうちに周囲の家が焼けてきて、電信柱も炎をあげはじめるようになりました。荷物にも火がつくようになって、熱くてたまりません。境内の隅に、義太夫の師匠の家の井戸がありましたので、千恵子さんとその水をくんで体にかけましたが、すぐに乾いてしまいます。

周囲では、「熱いよう」とか「助けてえ」とか、まるで猿の泣くような叫び声がしています。

そのうちに、柵を越えて人々が池の中にとびこみはじめました。熱さに堪えきれなくなったのです。

私たちもとびこもうとしましたが、人がひしめき合っていますので池のふちに行けません。

その時、近くにいた男の人が、池に入れない人は普請場から逃げろ、と叫びました。丁度、公園に接した場所に建設中の家がありまして、私たちはその方向に走りました。そして、荒壁を突き破ると穴からもぐりこんで公園からはなれました。

幸いその附近には火がなく、私は千恵子さんと千束町を抜けて上野の山に逃げました。

松木やすが公園をはなれた直後、悲惨な光景が弁天池に現出した。その悲劇の原因を遊廓という特殊世界の性格と切りはなして考えることはできない。

当時、新吉原は贅をこらした大厦《たいか》高楼が立ち並び、その中に二千五百名にも及ぶ娼婦が起居していた。彼女たちは娼家に金銭で買われた商品であり、廓外に出ることは許されなかった。

明治四十四年四月九日に、新吉原で大火が発生したことがある。火元は江戸町二丁目の娼家美華《みかど》登楼で、その家の一娼婦が揮発油で拭き清めた襦袢《じゆばん》の掛襟《かけえり》を火鉢にかざして乾かそうとし引火したことが、発火原因であった。

この火事で廓は全焼したが、その大火の折に娼家側では娼婦が火災にまぎれて逃げることを恐れ、自由行動を許さなかった。中には、地下の倉庫におしこめられ、そのため焼死した娼婦たちもあった。

関東大震災の折にも、それに似た傾向は見られた。娼家の中には、火災発生後も娼婦たちを廓内にとどめた家が多く、それらの家の娼婦たちは逃げる機会を失ってしまった。それに、娼婦たち自身にも、機敏に逃げる能力が欠けていた。それは廓外に出ることを厳禁されている彼女たちが方向感覚に乏しかったからで、地震につぐ火災に身の危険を感じながらも廓外に逃げ出すことができなかったのだ。

火に追われた彼女たちは、自然に吉原公園に押しかけた。時刻が時刻であっただけに、彼女たちは一人残らず寝巻姿であった。素足のままの者が多かった。

やがて火が急速に迫って、公園内に持ちこまれた家財に火がつき、娼婦たちは熱さに堪えきれず園内の弁天池に飛びこみはじめた。

池は泥深く、中心部は四メートル近い深さがある。池に入った娼婦たちは、泣き叫びながら池の水を体にかけた。

そのうちに園内を逃げまどう娼婦たちの衣類に火がつき髪油の塗られた頭髪に火がついて顚倒する者も多くなった。そうした現象が、一層池に飛びこむ者の数を増した。

初めの頃、娼婦たちは岸辺にとりすがっていたが、池に入る者が多くなるにつれて池の中心部へ押し出されてゆく。

池の広さは二百坪ほどしかなく、たちまちのうちに池の水面は娼婦たちの体でおおわれた。

すさまじい混乱がはじまった。深い部分に押し出された娼婦たちは、他の娼婦にしがみつき沈んでゆく。池に飛びこむ者は跡をたたず、人の体の上に身を投げる。辛うじて杭につかまった者の肩に他の娼婦がつかまり、さらにその娼婦の肩に他の者がしがみついて数珠つなぎのようになった。

死の苦痛からのがれようと、娼婦たちは必死に争った。溺死した者の上に死者が重なり、池は人の体でうずまった。そして、その上を踏んでわずかな空間を見出し、水に身を漬ける者もいた。水は、すでに湯のようになっていた。

その間にも火災は、絶え間なく池の表面を薙《な》いでいた。

……吉原公園の死者は四百九十名で、男五十二名、女四百三十五名、性不詳三名と女性が大半を占めている。その女性のほとんどが、新吉原の娼婦たちであったのだ。

新内の富士松千鶴太夫（本名石川正作）は、当時二十六歳で南千住に住み大震災に遭遇したが、家が被害にあわなかったので震災の翌日新吉原の遊廓内に足を踏み入れた。門前仲町の洋品店に奉公していた妹の安否をたずねるため家を出たのだが、若いかれは好奇心もあって廓内に立ち寄ったのである。

余震で揺れつづける路上を、かれは、南千住のガードをくぐって進んだ。

途中、大きな紺屋の干場に数十名の窒息死した遺体が重なり合っているのを見た。干場には、染料を入れてある大きな甕《かめ》が埋められていたが、その中にも、多くの遺体があった。火熱に堪えきれず染料に身をひたした者たちであったが、水分が完全に蒸発していて遺体も乾燥し、紺色に染まっているのが異様であった。

かれは、大門から廓内に入った。娼家は一軒残らず焼け落ち、路上は焼けた材木や電線におおわれていて歩くのが困難だった。

すれちがった男が、

「弁天池は墓場のようになっている」

と言ったので、かれは吉原公園に足を向けた。

「全く驚きましたね。池に何百という花魁《おいらん》が重なり合っているんです。寝巻姿のままで腿をむき出しにしていて、それがからみ合って水につかっているんです。焼けこげの死体は余りなく、髪をふり乱したままの花魁もいました。池というよりも人間の溜り場みたいでしたね。寝巻の色が華やかであるだけに、陰惨な感じでした。それから二日後に私はもう一度行ってみましたが、まだ死体の処理はおこなわれていず、ひどい腐臭で、長くは立っていられませんでした。残暑の頃ですから腐敗も早かったんでしょうが、死体がダルマ様のようにふくれ上っていましてね、見られたもんじゃありませんでしたよ」

と、石川氏は回想している。

危うく難をまぬがれた芸妓松木やすの父は熊本から新吉原に来て、娘が池で死亡したものと思い遺体を探した。かれは、娘が歯にプラチナをはめていたことを手がかりに女の遺体の口をあけて廻った。しかし、水に浮いた遺体を揚げると、その下方からつぎつぎと他の遺体が浮き上ってくるので、遂に娘の遺体を探すことを諦めたという。

吉原公園で奇蹟的に助かった者は約四十名、そのほとんどが煙で眼に炎症を起し、中には一生失明した者もいた。

関東大震災と同規模の大地震であった安政二年の大地震でも、大火が起っている。発火したのは六十六カ所で、関東大震災の八十四カ所と著しい差はない。が、その焼失面積は、関東大震災の方が十九倍というすさまじさであった。

安政大地震の折に町奉行から幕府へ提出された「地震後所々出火之儀申上候書付」と題する報告書から判断すると、焼失総面積は六十二万坪で、それにくらべて関東大震災の焼失面積は一千百五十万坪にも及ぶ大規模なものだったのである。

江戸時代にくらべて大正時代の方がはるかに消防能力は秀れていたのだが、地震による水道管の破壊によって消防力はほとんど無に帰していた。それに家屋の密集度も増していたこともあって、火炎は自由に四方八方へのびたのである。

東京市内にあった橋は総数六百七十五で、地震によって墜落又は破損したものはわずかに十八にすぎなかったが、火災によって三百四十の橋が被害を受けた。鉄橋も炎上したが、それは木材を多く混用していたためであった。

橋が焼けたことによって、避難者は逃げ場を失い死者の数を激増させる結果になった。橋が焼失した原因の最大のものは、避難者たちの手にした荷物が橋をおおい、それに延焼したためであった。

橋が焼け落ちる寸前には、橋を渡る者たちの間で激しい混乱が起ったが、最も悲惨をきわめたのは隅田川に架けられた永代橋であった。

「大正大震災大火災」（大日本雄弁会講談社発行）中に、永代橋で危うく死をまぬがれた生存者の一青年の回想談が収められている。

「深川区は、午後三時頃には火の海でした。独身者の私は、どちらかと言えば呑気に、そちこち逃げ廻っていましたが、日の暮れ合いにはどうにもならなくなったので、人の群に押され押されて、永代橋までやって来ました。橋を渡って日本橋から京橋の方面へ逃げようとしたのです。

ところが大変です。逃げようと思った対岸がまた一面の火で、あちこちから群衆が逆に深川へ入ってこようとしているのです。幾万かの人間が、猛火の挟み打ちを食った形です。

私は、橋の中頃にいましたが身動きもならぬ始末で、女、子供は潰されかけて悲鳴をあげています。そのうちに橋の両側にある家が燃え、火は容赦なく迫ってきました。

橋の両端にいた者たちは、どうもこうも熱くてならず、人を押しのけて橋の中央部に行こうと必死になって押し合います。怒号、悲鳴でなにがなんだかわからなくなりましたが、窒息死するのでしょうか、人が片端から倒れてゆくのです。それが五十、百と見る間にふえてゆきました。

やがて橋の中央部近くにいた私さえ熱くてならず、丁度橋が修繕中で足場が組んでありましたので、それを伝って川面に降りてゆきました。幸い干《ひ》き潮で水は浅く、私は少し下流の橋にたどりつき、首から上を川面に出してふるえていました。

その直後、橋に火がつきました。と同時に、男たちが争って橋の上から川に飛びこみはじめました。女、子供、老人などが橋の上でもがいていましたが、火勢が強くなるにつれて川に身を投げます。橋が焼け落ちたのは、午後八時か、九時頃でしたでしょうか。川に落ちた人たちは、溺れる苦しみに堪えきれず他人にしがみつきます。両側も上方も炎がさかまく中で、人々の争う姿は地獄そのものでした。

私は、翌朝まで川に身をひたしていました。周囲は死骸が一杯で、その中から首を出していたのです」（註。筆者文章整理）

東京市の川は、死体におおわれた。殊に隅田川には、火に追われ川の中に飛びこんだ者たちの溺死体が無数に浮游していた。

　当時東京府会議長堀江正三郎も京橋区明石町に住み、二千坪ほどの空地に避難していたが、猛火に追われて川の中に飛びこみ死をまぬがれた一人である。かれの回想によると、

「空地には隙間のないほど荷物が積み上げられていましたが、新橋、銀座、八丁堀の各方面からの猛火が迫って、荷物に火がつきました。三方からの火炎に包まれましたので、後方の大川に飛びこむ以外に方法はありません。

　人々は悲鳴をあげながら、一間半の高さのある明石町河岸から大川に飛びこみはじめました。幸い岸近くの水の深さは四、五尺ほどでしたので、私は辛うじて胸まで水につかって立っていることが出来ましたが、女や子供は溺れ死んでゆきました。見渡すと佃《つくだ》島《じま》の渡船場からはるか水上警察署のあたりまで川の中に黒く太い人の列が出来ていて、その上に荷物を焼く火の粉が降りそそいでいます。頭や顔が焼けるように熱いので、私は幾十度となく水の中にもぐりました。

　川に浮んだ船にも人が多く乗っていて、その船にも火が移り、助けてくれ助けてくれと泣き叫んでいましたが、救うどころではありません。

　溺死した者たちの体が、私の周囲にブクブク浮び上ってきます。

　私が、漸く石垣から這い上ったのは、翌日の朝でした」（春日靖軒著「大正震災後日物

語」より収録）

東京市（郡部を除く）の死者数の最大のものは焼死者で五万二千百七十八名、それにつぐ死者数は溺死によるもの五千三百五十八名で、圧死者七百二十七名の七・四倍弱にも達している。つまり河川は、避難者を炎から救うと同時にかれらの生命をも奪ったのである。

もともと河川は、広い道路や高架鉄道線路などと同じように火の流れを阻止する防火線の役目をもっていたが、その上に架かった橋が焼けることによって対岸へ火はのびた。神田区の俎橋《まないたばし》や月島の相生橋は、燃えた舟が橋の下に流れてきて焼けたが、それは特殊な例で、大半が避難者のもつ荷物に引火して焼け落ちたのである。

地震につぐ火災で、人々は炎に追われて道路を逃げまどった。と同時に、それは家財の大移動でもあった。

当時の避難地の写真を見ると、どのようにして運び出したのかと思われるほど大きな荷物を背負った人の姿が数多く見える。馬車、大八車にも荷が満載され、人々は荷物の間に埋もれていた。

辛うじて持ち出した家財の焼失を恐れるのは当然の人情だが、それらが道路、空地、橋梁などをおおい、その多量の荷物が燃え上って多くの焼死者を生むことになったのである。

道路、橋梁が家財で充満したために、人々は逃げ場を失い、消防隊もその活動をさまたげられた。関東大震災の東京市における悲劇は、避難者の持ち出した家財によるものであったと断言していい。

火災時に搬出される荷物については、すでに江戸時代からその危険が鋭く指摘されていた。

正徳六年一月十八日に浅草諏訪町から出火した火は、本所、深川までのびるという大火になったが、三日後の二十一日に町奉行からの布告が発せられている。それは、

「　覚

一、前々モ相触候通出火ノ節……」

という書き出しではじまり、家具、家財を持ち出したため消防隊及び避難者の交通をさまたげるのは、もってのほかの不都合であると戒めている。そして、もしもそのようなことをおかした者は、本人はもとより名主までも処罰すると結んでいる。

さらに次のような布告も出され、荷物の携行を厳重に禁じている。

「前々ヨリ相触候通、火事ノ節大八車ニ荷物ヲ積退、又ハカラ車ニテ引歩キ、道具等ヲ積候儀有之様ニ相聞候。往来込合候節右之仕形不届ノ至ニ候。向後左様ノ儀有之候ハバ、急遂ニ吟味ニ車主車引候者共ニ可為曲事、其所之名主可為越度候条此旨町中相触可申候。

以　上」

つまり今後火事の折に荷物を大八車にのせて避難するような者がいた折には、車の持主と車を挽いていた者を処罰するとともに、名主までも罰すると警告しているのである。

また五十年後の宝暦十年二月六日、神田旅籠町《はたご》を出火場所とする江戸の大火の折にも、町奉行は、建具や諸道具を大八車に積んで運ぶ者を不埒者《ふらち》と断じて、

「自今見付次第召捕、諸道具ハ取上ゲ追テ吟味ノ上、当人ハ勿論家主五人組迄急度処可申付候」

と徹底した通告をしている。

この正徳六年につぐ宝暦十年の処罰規定は、大火の折に避難者の携行する荷物が災害を大きくするという教訓から発したものだったが、関東大震災ではその経験が全く生かされていなかったのである。

しかし、警察官の中には、避難者に荷物を捨てて逃げるように命じた者もいた。そして、それが、災害を軽減させた例はかなり多い。

隅田川に架かった橋の中で焼失をまぬがれたのは新大橋と両国橋の二橋のみだが、新大橋の場合は、橋の構造が優秀であったと同時に橋上の荷物が適当に処分されたため焼け落ちることはなかった。そして、そのかげには一群の警察官の努力があったのである。

時事新報に深川区西平野警察署の橋本巡査部長の左のような談話が掲載されている。

「大地震のあった九月一日、私は新大橋袂の交番に居ました。

地震があると同時に、東六間堀町二十九のボール箱屋と、それからかなり離れた安宅町五のパン焼工場と菓子屋から出火しました。其の時風は北東の方へ吹いて居まして、つまり新大橋は風上に当っていたので安心して警戒していましたが、火の手は強くじりじりと風上の方にも燃え拡がって来て、四時には国技館の方で轟々という物凄い音が聞えるかと思うと、例の大旋風が殺到して来ました。

私は、橋の欄干《らんかん》にしがみついて顔を伏せていましたが、十分もすると非常に熱くなってきたので、ふと顔を上げると今まで何ともなかった橋の袂の家に一斉に飛火して燃えはじめていました。

その頃には浜町の橋もすべて焼け落ちていましたので、日本橋方面からの避難者や深川区の避難者がどしどし橋の上につめかけ、一万四、五千人もの群衆が集りました。

そのうちに深川区寄りの方にいた避難者の荷物に火がつき出したので、私はそれを捨てさせ、また火のつかない荷物も捨てさせようとしましたが、生憎私は私服でいたため避難民の激昂を買って殴られました。

やむなく私は、対岸の久松署の交番に行き、七、八名の巡査の応援を得て橋上に引返し、惜しがる荷物を手当り次第に引ったくっては河中に投じました。私がどんどん荷物を捨てさせるのを見ていた知人が、あんな事をして後で責任問題でも起ったらどうするのだろうと心配したそうですが……」

避難民に殴打されながらも荷物を捨てさせた橋本巡査部長の行為が多くの人命を救ったのだが、これに応援した久松署の警察官の活動も目ざましかった。

それは、羽鳥源作を指揮者とした巡査の一団で、火の粉を浴びながら橋の上に山積した家財を川に投げつづけた。この羽鳥巡査の行為について「群衆を万死の中に救護したるは、功労抜群、一般警察官吏の亀鑑《きかん》たるを以て」という賛辞のもとに後に内務大臣から警察官吏功記章・特別賞が授与された。

しかし、一般的には、荷物を捨てよという警察官の命令に反撥する避難者が極めて多かった。久松署管内では警察官が荷物を持った民衆の橋を渡ることを禁じたが、社会的地位の高そうな男が警察官と押問答になった。

男は、荷物を背負いながら橋を渡ろうとし、それを阻止する警察官に、

「自分の財産を背負って公道を行くのが、なぜ悪いのだ。そんなことは法律で定められてはいない」

と、怒声をあげた。

それにつづく群衆も男に同調して、警察官に罵声をあびせかけ橋上を強引に渡ろうとした。そして、暴行にも及びかけたが、突然男の背負った荷が燃え出し、男は炎につつまれ絶命した。

この光景を眼にしてから、群衆は警察官の言葉にしたがって荷物を捨てたという。

八、避難場所・上野公園

大火災にもかかわらず、焼け残った地域も多い。

道路、河川、鉄道線路等によって延焼を防ぐことができた地域もあるし、樹林が防火に役立った場所もある。

また水道の涸渇によって河川、濠、池、防火用水などの水を使用して消火に成功した所もあるし、家屋等を倒す破壊消防によって延焼を防いだ地域もあった。

その代表的な場所として、浅草観音附近があげられる。浅草区は九十六パーセントが焼失するという大災害地であったが、浅草観音附近のみが焼失をまぬがれたのである。

地震につぐ火災が起った頃から、同地域には浅草区内をはじめ本所、深川区方面から逃れてきた約十万名の市民がむらがっていた。そして、一時は安全地帯の観があったが、午後八時頃に火は完全に浅草観音附近を包囲してしまった。もしもその境内が焦土と化したなら、脱出路がないだけに当然本所被服廠跡以上の惨事をひき起したにちがいなかった。

危険を回避できた原因としては、寺院側と象潟《きさかた》警察署が避難民の荷物を運び入れることを極力防いだことがあげられる。そして、同地区の消防にあたった浅草公園消防隊も死力をつくして消火に当った。幸い境内には池があったので、その水をポンプで吸い上げ放水することができたのである。

同地域にも旋風が巻き起り、境内の燈籠は倒れ、火の粉が降りそそぎ一時は絶望視された。

しかし、その危険をまぬがれたのは、避難民の消防協力が大きな力になったからであった。

その一般人を指揮したのは、浅草区馬道五丁目に住む馬場斧吉という鳶頭にひきいられた八名の組手であった。馬場たちは消防につとめていたが、火勢がさらに増すのを見て、恐れおののく避難民を池の畔から二列縦隊に並べ、バケツに水を汲ませて手送りさせた。そして、すでに燃えはじめていた二天門、被間稲荷、社務所に水を浴びせ、辛うじて観音堂への延焼を防ぐことができた。人力が、ついに火を防ぎ人命を救うことに成功した好例であった。

関東大震災の焼失図を見ると、東京市の大半は焦土をしめす朱色がべったりと塗りつけられている。が、その中に浅草観音境内、石川島、佃島、神田区和泉町、佐久間町一帯が焼失をまぬがれたことがわかるが、殊に和泉町、佐久間町の地域が、広大な朱色の焼失地域の中で焼け残り地区をしめす白地のままであるのがひどく奇異なものに映る。

この一区画の焼け残りは、関東大震災の奇蹟とさえ言われた。

震災後、大焦土と化した東京市の中で、その地域に家並が残されている光景に、人々は驚きの眼をみはった。それは、広大な砂漠の中に出現したオアシスのようだと表現する者さえあった。

和泉町、佐久間町の見事な焼け残りは、好条件に恵まれてはいたが、住民たちの努力によるものであった。

環境条件としては、町の東北隅に内務省衛生試験所、三井慈善病院があって、それらが耐火構造建物であったので防火に有利であったことも幸いした。また北側には道路をへだてて三ツ輪研究所、郵便局、市村座劇場等の煉瓦造りの建物が一列に並び、それらは後に焼けたが防火壁の役目を果した。

さらに南側は神田川で、対岸に煉瓦造りの建物が並び、その向う側には広い道路が走っていたので、火流を防ぐことも比較的容易であった。

それに水道は杜絶《とぜつ》したが、神田川と秋葉原貨物駅構内から神田川に通じるドックがあって、水利に恵まれていたことも幸運だった。

しかし、住民たちが、四囲を完全に火に包まれた中で町内にとどまり、火と戦ったことは大きな賭であった。もしも防火に失敗すれば、町内には炎がさかまき、全員焼死することが確実だった。

最初に火が起ったのは和泉町の三ツ輪研究所で、隣接の内務省衛生試験所等にも移ったが、水道の水が断たれていなかったので、住民たちはバケツ注水でこれを消しとめた。

午後三時頃になると、本石町方面から火が迫り、神田川をへだてた地区と東龍閑町、豊島町一帯を西から東に焼きはらった。丁度佐久間町二、三、四丁目は、その大火災の風下にあたっていて、重大な危機におちいった。

住民たちは、神田川の水をバケツリレーで汲み上げ、極力消火につとめた。そのうちに民家に飛火して炎をふきはじめたが、住民は一致してこれを消しとめた。

また他の一隊は、神田川を越えて柳原電車通りに防火線をしき、道路の南側で火流を阻止することに成功した。

日が没し、町の周囲には大火炎が乱れ合った。

午後十一時頃、神田明神方面から猛火が津波のように轟々と音を立てて迫ってきた。その火炎は遂に佐久間町一丁目の一部を焼き、秋葉原駅構内をなめつくして和泉橋の袂まで燃えてきた。

そのままでは平河町が焼けつくされてしまうので、住民たちは死力をつくしてバケツの水を浴びせかけ、ようやく九月二日午前零時頃消しとめることができた。

さらに朝五時頃、浅草左衛門町、向柳原方面から延焼してきた火が美倉橋通東側に及んだので、それに面した家屋を破壊し、西側に火が移るのを防止した。

二十時間にわたる火との戦いで、住民たちの疲労は濃かった。足腰も立たず土に坐りこむ者が多かったが、その日の午後三時頃、最大の火炎が浅草方面から和泉町目がけて襲ってきた。

住民たちは、声をはげまし合い和泉町方面に集った。少数の外神田警察署員をふくむ数百名の住民たちに、老人、婦人も加わり、あくまでも町を死守しようとかたい決意のもとに大火炎の迫るのを待ちかまえた。

その時、町内の帝国喞筒《そくとう》株式会社にガソリン消防ポンプが一台あることが判明した。それは、同社が八月二十九日に完成し目黒消防署に納入予定のポンプであった。

住民たちは、同社重役の快諾を得てポンプを借受け、まず火の迫る以前に同町の西側に注水した。

やがて、火炎がすさまじい勢いでのしかかってきた。

住民たちは、ポンプ注水すると同時に家屋を破壊し、また数百名の住民は二列縦隊をつくって七個の井戸から汲み上げた水をバケツで手送りし、全力をあげて消火につとめた。

火との戦いは八時間にも及び、その夜の午後十一時頃火勢を完全に食いとめることに成功した。

その結果、千六百余戸の家々が東京市の焦土の中で焼け残ったのである。

この奇蹟的ともいえる和泉町、佐久間町の焼け残りは、すべて住民の努力によるもので、消防署は防火活動に全く従事していない。

警視庁発行の「大正大震火災誌」の「消防活動」の項にも、「神田区従事隊なし」という文字が記されている。そして、その事情として、神田区内の各所から出火した火災が拡大したが、区内の消防隊はすべて隣接の区に出動し、また「隣接消防署の諸隊も各方面の防禦に任じたれば、来りて防火の衝《しょう》に当り得るもの一隊もなく、遂に和泉町及び佐久間町を除くの外、区内の全部を挙げて焦土と化し、更に本郷区半部へも延焼するに至りしは、惟《こ》れ消防機関の不備に原因せりとは云え誠に痛恨の情に堪えざるなり」と慨嘆している。

この焼け残り区域の住民たちが、消防署の助力もなく、独力で消火に成功した事実は賞讃の的になった。その地域は、江戸時代の大火にも難をまぬがれたという事実が語り伝えられていたので、住民たちの間には焼けぬ土地という信念があった。そのためかれらは積極的に火流と戦い、それを阻止することに成功したのだ。

東京市の火災状況を調査した震災予防調査会委員中村清二理学博士は、結論として地震よりもそれに伴う火災の方が恐しいことを強調した。そして、火災防止のためには最大の発火原因である薬品の管理方法の取締りを主張し、建物の耐火耐震構造を望んでいる。

また避難場所の広場には、避難者が荷物を手に流れこんでくることが予想されるので、荷物置場を指定し、さらに十分な消火設備を広場にそなえることが絶対に必要だと述べている。さらに江戸時代の町奉行の布告と同じように、避難者の携行する荷物は最小限度に制限し、道路または橋の上に荷物を置くような者は法律上厳重に取締るべきだと主張している。

最後に、中村は、江戸時代に防火のため火除原と称された広場や広い道路（広小路）が作られていたのに、それが無駄な場所と考えられ、いつの間にか民家で埋められてしまっていることを指摘している。つまり防火思想が江戸時代より後退していることを嘆いているのである。

地震の襲来に民衆は狼狽し、発火原因になるものを消すゆとりなどなかった。そのため市内の百三十余カ所から一斉に火の手が上った。

火災が起ると同時に水道は杜絶し、もともと非力な消防隊はさらに機能を失い、火は四方にひろがった。そうした中で一般市民は家財に執着して避難することをためらっている間に猛火が迫り、逃げる機会を失った。

さらに市内にあふれた荷物が火勢を倍加させて、路上にも川の中にも死体が充満した。また避難者の多くは、附近の公園、広場にのがれたが、そこに山積された荷物に火が移り、本所区被服廠跡のような惨事が至る所で起った。

しかし、山手方面と郡部方面は被害も少かったので、避難者は大群衆となって広場その他に難をのがれた。

住む家屋を失った市民は、全市人口の六十七パーセント強にあたる百三十五万六千七百四十名（警察庁調べ）で、七万名弱の死者をのぞいた百三十万名近い市民が避難場所に流れこんだのだ。

主な避難場所は、上野公園、浅草寺境内、宮城外苑、日比谷公園、芝公園、赤坂離宮周辺、新宿御苑ほか小中学校、寺院、神社等多数あるが、その中でも上野公園は最大の避難場所になった。

当時、上野公園は十八万九千七百七十一坪の広大な敷地をもつ市民の憩いの場所であるとともに、多彩な文化、芸術関係の催しもおこなわれていた地であった。そして、震災当日の九月一日は秋の到来を告げる二科会の招待展覧会が上野美術館でひらかれていた。

園内には、寺社、茶店、料理屋等三十六戸があって約二百人の人が居住していた。

上野の高台は武蔵野台地につづく固い地盤をもっていたので震動は少く、倒壊した家屋はなかった。ただ火災は園内近くに迫ったが、第四消防署の諸隊は、不忍池の水を活用して園内への延焼を防ぎ、また園内に起った火災も、上野署員と上野精養軒店員十数名の努力によって料亭の常盤華壇ほか一戸の焼失を見るにとどまった。

上野公園は、下町の絶好の避難場所と思われていたので、市中に火災が起ると同時に附近の住民だけではなく、遠く日本橋、京橋方面からも避難者が殺到した。しかも、かれらの多くは荷物を持っていたので、午後四時頃には広大な園内も立錐《りっすい》の余地がなくなった。

下谷上野警察署の署長柳田清一警視は、予想を絶したおびただしい避難民によって混乱が急激に増加したことを恐れ、上野駅から列車でかれらを安全な地域に輸送しようと考えた。しかし、火に追われた避難民は、上野駅構内をはじめ線路上にもあふれて列車の運転など到底不可能な状態だった。

そのため柳田署長は、民衆を整理し上野駅長に列車を動かして欲しいと依頼した。そして、午後四時頃に約五千人を王子駅に、午後八時には数千人を赤羽駅に輸送したが、水道杜絶のため機関車に給水することができず列車の運転は中止した。

そのうちに避難者は増す一方で、園内は混乱をきわめ、それに恐れをなした者たちが他の安全地帯にのがれようとひしめいた。そのため警察官たちは、かれらを駒込、田端方面に誘導した。

翌二日午後六時に、公園前広場に猛火がさかまき園内に危険が迫った。警察官たちは、常盤華壇附近にたむろしていた群衆に移動するよう呼びかけた。が、かれらは運び入れた家財を捨てて逃げることをこばみ、容易に説得に応ぜず険悪な空気に包まれた。柳田署長は、警視庁を通じて上野方面に避難者を誘導していた浅草七軒町警察に協力を要請し、両署員が強制的に退去を命じ、避難者の群を谷中、田端方面に移動させた。その直後常盤華壇は炎上し、危く惨事をまぬがれることができた。

上野公園に避難していた者たちは、飢えに襲われていた。かれらは、園内にある井戸の水を争って飲んでいたが、食物を携行していた者は少かった。

九月二日になると、食物を求める者の間に混乱が起りはじめたが、午前十時頃陸軍糧秣廠から軍用パンが送りとどけられたので、全く食物をもたぬ者一万名にかぎり、一名につき五個のパンを配付した。

上野公園以外の地に集った避難者数は、宮城前広場約三十万人、芝公園約五万人、九段靖国神社境内約三万人、深川清澄公園約五千人、洲崎埋立地約五万人等であった。

東京の全壊戸数二千二百三十一戸に比して一万八千百四十九戸という倒壊家屋を出した横浜市では、大激震に襲われると同時に火災も発生して、全市の総面積の約八十パーセントが焼失した。被害は東京を上廻っていたため、死者は多く、辛うじて生きることのできた避難者の苦しみも大きかった。

港湾都市である横浜市には、官庁以外に外国人関係の建物等も多かったが、官庁関係建物四十三のうち三十三が焼失、残りの十の建物も半壊状態であった。また外国領事館二十六はすべて全焼、三百二十六の銀行諸会社もわずかに十七残っただけで、約三千の工場も九十パーセントにあたる二千七百が焼失した。

丘陵にかこまれた地形をもつ市内では、大崖崩れが五十カ所も起って人家を埋没させ、橋は墜落又は焼失し、海に面した岸壁はその四十パーセントが崩壊した。

人々は、火にまかれて焼死し、川の中に入って溺死した。

殊に午後三時頃には、中村町にある神奈川県揮発物貯蔵庫に飛火して火災が発生した。同貯蔵庫には、二十八棟の倉庫に石油、機械油、パラピン油、松脂《まつやに》、揮発油、アルコール類、カーバイド等が多量に収蔵されていたが、それらに引火して大爆発が連続して起った。

避難者の恐怖はつのり、逃げおくれた者たちは海や川の中に飛びこんだが、水面に浮游する重油に引火して数千名が死亡した。

幸いにも死をまぬがれた者たちは、横浜公園、山手公園、新山下町埋立地、伊勢山、掃部《かもん》山、税関山、久保山、中村町の丘陵等に避難したが、猛烈な火炎が迫って死の危険にさらされた。

まず横浜公園には数万の避難者が流れこんだが、たちまち公園は火炎に包囲された。

人々は熱さにたえきれず泣き叫びながら逃げまどったが、旋風が起って焼けトタンが飛散した。

その頃、水道管が地震によって破壊され、園内は噴出する水におおわれ、低い部分では腰にまで達するほどの泥水がたまっていて身を地面に伏すこともできなかった。人々は火と泥水におびやかされたが、この泥水を浴びることによって多くの者たちが焼死をまぬがれた。

また新山下町の埋立地にも、数万の避難者が殺到した。その埋立地は八万三千坪の面積をもつ広大な地で、建築物はなく絶好の避難地と判断されていた。人々は、危険を脱した安堵から埋立地で休息をとっていたが、やがて火炎が迫った頃、

「津波が来た」

という叫び声が起って、人々は狼狽し四散した。そして、火炎の中に走りこむ者も多く、埋立地で夜を明かしたのは千名前後で、津波来襲の事実はなかった。

戸部警察署管内の伊勢山にも、約一万名の避難者が集った。

伊勢山は、麓に人家があるが、附近一帯の最も高い場所で面積も広く、人々はこの丘陵を安全地として争って斜面をのぼったのである。

しかし、麓に迫った火炎は、四方から丘陵を這いのぼりはじめ、避難者は頂きに向かって移動した。

頂上には皇大神宮があったが、その社殿社務所にも延焼し、わずかに神楽殿を残すのみになった。もしもその神楽殿に火が移れば、頂上に押し合う約一万名の者たちは焼死する。

大混乱が起ったが、男たちは互いに励まし合って神楽殿にしがみつき、死力をつくしてその建物を押し倒しようやく焼死をまぬがれた。

また伊勢山に接する掃部山にも約一万名の避難者が集り、伊勢山と同じように火が四方から頂上に迫ったが、建物がないのが幸いして、奇蹟的にも死をまぬがれることができた。

地震につぐ大火も、ようやく鎮まったが、関東大震災の悲劇は、それで終了することはなく大恐慌がはじまったのだ。

第二の悲劇——人心の錯乱

九、〝大津波〟〝富士山爆発〟流言の拡大

最も震・火災の激甚だった東京、横浜の住民たちは、炎に追われて逃げまどうと同時に強い余震にもおびえていた。

強烈な余震は、九月一日に午後零時から一時までの間に三回起り、午後二時二十二分四十九秒にも相模灘を震源地とする地震が発生した。また翌二日にも六回にわたって余震に見舞われ、人々は圧死を恐れて家へ入らず夜も屋外で過さねばならなかった。しかもかれらは地割れを恐れて、市内電車の線路沿いに敷かれた石の上や、根の張った竹藪の中に避難し、中には鉄板の上に坐って夜を過す者も多かった。かれらの神経は著しく過敏になっていて、平生では感知できぬかすかな余震にも悲鳴をあげ、互いに体を抱き合って震動のやむのを待った。

かれらは、一種の錯乱《さくらん》状態にあった。大激震に襲われた後、家屋の倒壊にともなう多数の圧死者を目撃し、さらに各所で起った火災によっておびただしい焼死者や溺死者を

見、大旋風に巻き上げられる人々の姿も見た。しかも大地は絶え間なく揺れつづけ、火災は逞《たくま》しい流れになって波浪のように押し寄せてくる。そうした現象は、人間の精神状態を平静にさせておくことはできなかったのだ。

そうした中で、かれらには確実な情報を得る道が完全に断たれていた。

電信電話は壊滅し、庶民はもとより警察署をはじめ各官庁の連絡も皆無の状態であった。

無線電信は、東京中央電信局が類焼したので築地の海軍技術研究所に業務の移転をはかったが、その電池室にも火災が発生して送受信は不可能になった。

横浜市も同様で電話局が全滅したが、神奈川県警察部の森岡二朗警察部長の尽力でわずかに横浜港に碇泊中の汽船コレヤ丸の無線機を利用することができた。初め森岡は、火に追われて港の岸壁にたどりついたが、岸壁の倉庫から炎がふき出し、コンクリートの路面にできた大亀裂がさらにひろがる危険もあったので、海中に身を投じて汽艇に泳ぎつき、さらにコレヤ丸にたどりついた。そして、船上から多くの汽艇に指示して海中にいる避難者の救出につとめた。

そのうちにかれは、横浜市の通信機関が壊滅したことに気づき、海軍省船橋無線電信所を通じて内務大臣と警視総監に救助要請の電報を打った。

「本日正午大地震起り　引続き大火災となり　全市ほとんど火の海と化し　死傷何万な

るやを知らず　交通・通信機関不通　水・糧食なし　至急救済を請う」

といった内容であったが、その発信も夜に入ってからであった。

この電文は船橋無線電信所に受信されたが、むろん東京に受信機関はなく、そのため同電信所から各地方に横浜市の惨状が伝えられるにとどまった。

また電話も東京市内の電話局二十局のうち焼失十四、大破二で四局のみが残されていたが、これらも機械、電池等が破損して使用不能におちいっていた。それに、電話の地下線路も徹底的に寸断され、電柱の焼失、転倒等約六万本にも及んで、その機能は完全に失われていた。

横浜市でも交換局は全滅し、加入者電話機の九十パーセントが焼失し、その復旧は絶望的であった。

通信機関の杜絶は、すべての連絡を不可能にした。警察、官庁も情報の入手方法を断たれて、指令を受けることも報告することも出来ず右往左往するばかりであった。そして、庶民は、人の動きにつれて路上を彷徨《ほうこう》するのみであった。かれらは、なにも知ることは出来なかった。かれらが知っているのは、大地震の起ったこととそれにつづく大火災によって眼にふれる範囲内の地域が死の世界と化し、しかも自分の生命も保持できる保証がなにもないということだけであった。

かれらが自分をとり巻く状況を知る唯一の手段は、新聞報道のみであった。かれらは、毎日配達される新聞の活字によって、欧米各国の動きを知り、国内の政治、経済、社会の動向も察知していた。かれらは、新聞から知識を吸収すると同時に、知るということによって精神的な安定も得ていたのだ。

大地震と大火にさらされた庶民は、自分たちのおかれている立場がどのようなものであるかを知りたがった。かれらの中には、災害が自分の身を置く地域のみではなく日本全体に及んでいるのではないかと疑う者もいたし、中には地球全体の震害ではないかと考える者さえいた。

そのような疑惑に答える有力な手段は、新聞報道であったが、新聞社にはそれに応ずる力は皆無だった。

読売新聞社編集局長千葉亀雄の回顧録によると、大地震の発生と同時に東京の十六社に及ぶ新聞社の新聞発行機能は完全に崩壊してしまったという。その理由は、激しい震動によっておびただしい活字を入れたケースが一斉に倒れて整然と並べられていた活字が床の上に散乱してしまったからであった。そのうちに電気が杜絶して印刷機は動かず、水道、ガス管が破裂し、さらに猛火が迫ってきて社員は避難しなければならぬ状態になった。

さらに市の中心部にあった新聞各社は火に包まれ、東京の十六社の新聞社のうち社屋が焼失をまぬがれたのはわずかに東京日日新聞社、報知新聞社、都新聞社の三社のみで、他の十三社はすべて焼失してしまった。各新聞社は復旧に全力を傾注したが、それでも最も早く新聞を発行できた東京日日新聞でさえ、地震が発生してから五日目の九月五日付夕刊を発行出来たにすぎず、それも四ページの紙面であった。他社は、翌六日に報知新聞が夕刊四ページを発行した以外は、九日に万朝報、中央、十二日に東京朝日、時事、十五日に読売、中外、十八日に東京毎夕、十九日に二六と大幅におくれたのである。

しかし、このような新聞も、焼け残った地域の活版所で活字を買いあさり、用紙を求めて辛うじて印刷に漕ぎつけたもので、中には報知新聞社のように群馬県前橋で号外を印刷させ東京に送りこんだ社もあった。

いずれにしても、九月一日から五日の夕方まで一切の新聞は発行されず、東京市民は報道による情報の入手ができなかったのである。

災害の中心となった東京府と横浜市の人口は約四百五十万名であったが、知る手がかりを失ったかれらの間に無気味な混乱が起りはじめた。かれらは、正確なことを知りたがったが、知ることのできるものと言えば、それは他人の口にする話のみにかぎられた。

根本的に、そうした情報は不確かな性格をもつものであるが、死への恐怖と激しい飢《き》餓《が》におびえた人々にとってはなんの抵抗もなく素直に受け入れられがちであった。そして、人の口から口に伝わる間に、臆測が確実なものであるかのように変形して、しかも突風にあおられた野火のような素早い速さでひろがっていった。

流言はどこからともなく果てしなく湧いて、それはまたたく間に巨大な怪物に化し、複雑に重なり合い入り乱れ人々に激しい恐怖を巻き起させていった。

地震の直後に人々の間に拡がったのは「大津波が来た」又は「大津波がくる」という流言であった。

地震の後には津波が襲ってくる確率が高いということは、人々の間で常識化した知識であった。かれらには、明治二十九年六月に三陸海岸を襲った大津波の被害が鮮明な記憶として残されていた。その折も、同地方に烈震があった一時間半後に激烈な津波が沿岸約四百キロメートルにわたって襲来し、一万三千戸の家屋が全壊・全流失し、死者も二万二千名という多数にのぼった。

関東大震災でも、大島、伊豆半島、房総半島、三浦半島、鎌倉に最高十二メートルの津波があり、多くの人家が流失した。が、津波の被害は、それらの地域に限定され、震・火災による被害と比較するとはるかに軽微なもので、間もなく鎮まっていた。

しかし、それらの情報を知らぬ人々は、津波来襲の流言に動揺した。火攻め水攻めという言葉がだれの口からともなく起って、火災発生後の津波襲来におびえた。

東京でも、土地の低い下町方面に津波来襲の流言が人々の口から口に伝わり、山手方面に逃げる者が多かった。東京には津波来襲の事実はなかったのだが、それは確実な情報として人々の間に伝わったのである。

その流言の内容は、そのまま地方新聞に確報として報道されている。

河北新報、福岡日日新聞、伊勢新聞等には、一斉に、

「芝浦（又は品川）に大海嘯《つなみ》来襲し、約一千名の死者を出した」

という記事が見られる。

また樺太《からふと》夕刊には、

「上野山下に津波・物凄く渦まいて襲来・南無阿弥陀仏を唱ふる声天地に満ちて凄惨」

という見出しのもとに、九月二日の夜東京から東北地方に逃れた一避難者の体験記が記事にされている。

「二日午後には上野駅も全滅し、上野山は火の海に囲まれた。安政の大地震の時も上野山迄は浪が押し寄せた事があるから、きつと上野にも津波が来るぞと人々は皆口々に叫んでゐたが、果せるかな物凄く渦巻立てた大津波が山麓へ襲来した。私は、其時上野の山にゐたが、上野山に避難した約百万の人々が口々に一斉に南無阿弥陀仏の名を唱へてゐる有様は実に悲惨極まるものであつた（後略）」

むろん上野に津波が押し寄せたことはなく、恐らくこの体験者と称する男は上野山にはいず、人の話を自分で目撃したかの如く装《よそお》って新聞記者に伝えたものであったのだろう。この記事でもあきらかなように、東京の四百万人に及ぶ人々の間に、津波来襲の流言が想像以上の強さで流布したのである。

東京、横浜の内部は流言の乱れ飛ぶ世界と化していたが、被災地以外の地方でも根拠のない流言が流れていた。

鉄道は破壊され、通信機関の杜絶した東京、横浜は孤絶《こぜつ》し、そこから得られる確実な情報はない。各地の新聞社は、東京を脱出した人々からの取材によると同時に、苦労して潜入した記者の手で記事を蒐集し、記者はそれらを近県からの電話で本社に伝えたが、それらも実地に踏査したものは少く、大半は流言を反映したものであった。

まず大地震の概要についても、かなりの混乱が見られた。地震の発生は、大阪市の各機関でとらえられ、それは各地方に伝えられたが、静岡県の東海道が最大の震災地と推測され、東京、横浜が大災害を受けているとは想像もしていなかった。福岡日日新聞九月二日の朝刊にも、「駿遠地方稀有の大地震」という見出しが掲載され、さらに実際の震源地が相模湾であるのに震源地を沼津と推定し、東海道鈴川を中心とした烈震と判断している。また京都での取材記事として左のような記事も見られる。

「京都……一日正午の地震は近来稀な強震で、時計は止まり手水鉢《ちょうずばち》の水は躍り、市民は悲鳴をあげて戸外に飛出した。京大地球物理学教室の上賀茂地震観測所にて聞くに、震源地は京都から東北やや北方を指して居り、距離は全く詳細に判らぬが濃尾平野であらう。此地震は火山性のものではなく土地に亀裂を生じたためであらう。震動が激しすぎて地震計が飛んでしまつたから尚研究せねば判らぬ」

この発表では震源地を濃尾平野と推定し、中部日本一帯が大地震の区域と判断している。

ただわずかに、横浜港碇泊のコレヤ丸から発信した第一報が同紙に紹介されているが、それも「一日午後一時頃横浜碇泊中の某船より潮岬局に達した無線電信に依《よ》ると、横浜に大火がある。多分地震から起つたものであらうと」と四行の小さな記事が片隅に掲載されているにすぎない。

そうした中で仙台の河北新報は、仙台鉄道局の鉄道電話によっていち早く正確な情報をとらえた。

同社は、九月一日午後一時、仙台鉄道局に大地震で東京に大火災発生の第一報が入ったのを察知し、一ページ大の号外を発行し、東北六県の通信網を通じて各県に特報を出した。そして、九月二日の夕刊には「東京横浜殆ど全滅」という見出しでその惨状を克明に報じた。

他社も、同社につづいて東京、横浜が最大の災害地であることを報道しはじめたが、河北新報をふくめてさまざまな流言を事実であるかのように報道する傾向が濃かった。

台湾日日新聞等各紙は「富士山爆発」の記事をのせた。それは、東京、横浜にひろまっていた流言であったが、遠隔の地から東京、横浜の空に逆巻く炎を望見した者たちが、余りにもすさまじい火災に富士山の噴火と錯覚したのである。

これと同じ理由で、秩父連山の噴火説もひろく流布した。例えば岩手新聞は、長野からの電話による記事として「秩父連山の噴火、冲天の噴烟《ふんえん》壮観を極む」と題し、

「秩父連山は三十日噴火を始め、一日正午に至り噴烟天に冲し大爆発をなしたらしく、之を高崎方面で眺むれば寧《むし》ろ壮観で、今回の大地震は秩父連山の爆発に依るものであらうと伝へられて居る」

と、地震の発生原因が火山性のものという説をとっている。

さらにその情報は拡大して、上陽新聞は「関東平野は火の海」という見出しのもとに、

「東京方面状況視察のため急行せる列車は、一日午後八時軽井沢に着した。同地よりみれば、関東平野紅蓮《ぐれん》の如く火焔天に冲《ちゅう》し、秩父の連山又猛火に包まれ居れり。其の光景寧ろ悲惨と言ふよりも全く言語に絶してゐる」

と、記している。

また京城日報は、総督府鉄道部に伝えられた東京発電話として、「上野から長野へは一望の焼跡のみなり」という驚くべき報道もしている。さらに満州の邦字新聞社は号外を出して、

「今や全関東は、地震につぐ大海嘯に襲はれ、波濤の狂奔する様子が碓氷峠《うすい》より望見し

得」

という記事まで掲載した。

情報は乱れに乱れ、福井新聞は、宇都宮からの電話による情報として、

「小笠原、伊豆諸島は全く消息皆無であるが、海上視察者の談によると、同所附近の一帯は海中に没し、すべての島はなかつたと」

と、報じている。

地方新聞社の報道でさえ、このような事実とはるかに異なる記事が掲載されていたことでもあきらかなように、東京、横浜の流言は、時間を追うにつれて異常な様相をしめしていた。

津波襲来につづいて、市民を襲ったのは「強震が再来する」という流言だった。

九月一日正午前の初震について、人体に感じる余震がその日だけで実に百二十八回以上にも達し、翌二日は九十六回、三日は五十九回、四日は四十三回と連続的に大地は揺らぎつづけている。そのような中で、初震と同じような強震が再び襲ってくるという流言は、不安におののいていた人々に強烈な恐怖をあたえた。

殊に九月二日夜にひろまった流言は、その内容を信じざるを得ないような具体性をもったものであった。法務府特別審査局資料第一輯《しゅう》「関東大震災の治安回顧」（特別審査局長吉河光貞著）によると、それは、

「今夜二時頃、また大地震が来るかも知れません。その時は宮内省で大砲を二発打つから、皆さん用意して下さい」

という内容だった。

大砲とは午砲のことで、毎日正午になると宮城内で空砲が一発発射され市民に正確な時刻を伝えていた。市民は、それを「ドン」と称していた。

当時午砲は、退役陸軍砲兵少佐渥美鉄摩が空砲を発射する任についていたが、九月一日の大地震が起った時もかれは部下の福島軍曹とともに烈震の中を午砲台にたどりつき、正午を告げる時砲を発射した。午砲は、大正十四年三月一日から放送されたラジオの時報に引きつがれるまで、市民にとって不可欠のものであり親しまれていたのだ。

その大砲を使用して、地震の再来を告げるという話は、他に周知する方法がないだけに市民に信じこまれた。

しかし、砲撃音はきこえず烈震も起らなかったが、さらにそれを追うように翌三日午後十一時に大地震が発生するなどという流言がつづいた。

この地震再来説は、だれの口から洩れたのかつかむことはできなかったが、流言を追及した結果、一人の男が治安維持令違反者として処罰されている（中村古峡著「流言の解剖」）。その被告人に対する裁判は東京区裁判所で進められたが、大正十一年十一月十三日に判決が下されている。その判決文によると、被告人が故意に流言を口にしたことがあきらかにされている。

かれは、地震後東京市本郷区の東京帝国大学の構内に避難していた。そのうちに同大学の学生と親しくなり、構内の警戒を依頼された。そして、帝国大学と記された提灯一張を渡され、その後夜警にも従事した。

かれは、単純な男で大学の仕事をしているのが自慢であった。そして、十月四日午前一時頃強震があり附近の住民が騒いでいるのを見て、提灯をかざしながら本郷六丁目、五丁目、四丁目、根津藍染町の各自警団詰所と本郷三丁目、藍染町の両巡査派出所を走り廻った。そして、警官や自警団員に、

「今夜、また強震があるはずですから火の元に用心して下さい」

と言い、さらに、

「私は、帝国大学地震学教室から来た者ですが、さらに強い地震があるかも知れません」

と、警告した。

かれの手にする提灯の帝国大学という文字と地震学教室から来た者という言葉が、警官や自警団員に強い影響をあたえたことは容易に想像できる。が、十月四日といえば地震の恐怖もかなりうすらぎ流言蜚語《ひご》の取締りが厳重になった頃で、しかも巡査派出所や自警団詰所に告げて歩いたため、その嘘が発覚しかれは逮捕されたのである。

このような逮捕例は稀で、大地震の発生した直後は、流言の発生源をつかむことなど到底不可能であった。

地震再来説が交叉している頃から、流言の中には社会性を帯びるものが混入しはじめた。

日本の社会は、無秩序な様相をしめしていた。政界では、政党間の醜悪な争いがつづき、軍備の拡大に伴って軍部の介入もいちじるしく、内閣はいたずらに総辞職を繰り返していた。そして、八月二十四日総理大臣加藤友三郎の死によって山本権兵衛が内閣組織の勅命を受け、組閣工作につとめていた。が、政党側の反撥によって、組閣工作も難航していた。

そうした中で突然大震災が起ったわけだが、流言は、不安定な政情を反映するものが多かった。

まず市内にひろく流れ出たのは、政友会首脳者の死亡説であった。この流言については、伊予新報に、

「政友会本部で高橋総裁以下二十余名の圧死」

と題して左のような記事が見られる。

「政友会本部に幹部会を開催して時局問題に関し審議中であつた高橋（是清）総裁以下二十余名の幹部は、本部の建物倒壊の為め避難の遑《いとま》なく遂に圧死したとの説がある（松

本電話)」

むろんこのような事実はなかったわけであるが、これについで新総理大臣を予定されていた山本権兵衛暗殺説が流れ、流言の内容も不穏な色彩を帯びはじめた。

河北新報(九月二日夕刊)は、

「目下水交社にあつて内閣組織に奔命中の山本権兵衛伯は、昨夜何者にか暗殺されたとの旨が磐城無電に感じたといふが、にはかに信を措《お》かれない」

と報じているが、海軍出身の山本が、各政党側と陸軍からの圧迫に呻吟《しんぎん》していただけに、この流言も確実な情報として市内にひろく流布されていたのだ。

この流言がひろまった頃から、流言内容も自然現象に関するものから社会性を帯びたものへと急速に変化していった。

罹災《りさい》民は、地震発生直後から平時では見られぬ人間性の本質をむき出しにした市民の姿を数限りなく眼にしてきた。人々は他人を死にひきずりこんでも自分だけは生きたいとねがう。親は子を捨て、子は親を見殺しにし、自分以外の者に心を配るゆとりは皆無だった。

さらに人々は、無警察状態の中で醜い人間の行為もしばしば目撃した。火の鎮まった地域には、どこからともなく姿をあらわした者たちが死体の連なる中を歩き廻っていた。かれらは、死者の携行していた手提金庫をこわして内部の物品を掠めとり、川岸に漂着する手荷物をあさって歩いた。また死体の指から指輪を窃取することを専門にする者も多く、指輪を見出すと刃物で指ごと切りとり袋におさめる。中には、死体の口をあけて金歯をえぐり取る者もいた。

そうした行為を数多く目撃してきた人々は、人間に対する不信感と畏怖《いふ》を根強くいだくようになっていた。

殊に集団を組む人間が、混乱しきった災害時を利用して行動を起しはしないかという不安が醸成されていた。そして、流言も人々の怖れを反映した内容をもつものが流れはじめたが、囚人に関する流言も、その一つであった。

十、朝鮮人来襲説

災害地域には、東京府に小菅、巣鴨、市ヶ谷、豊多摩、横浜市に横浜、その他浦和、千葉、甲府の各刑務所と小田原少年刑務所があって、多数の囚人が在監していた。

地震と同時に刑務所の建物も倒壊し、囚人の脱獄も可能な状態になった。当然刑務所周辺の住民はそれを知っておびえたが、かれらの口から伝わった話がいつの間にか急激に膨脹し、具体性をそなえた大規模な流言に発展した。その流言は種類が多く、

「東京の刑務所の囚人は、一人残らず釈放された」

「市ヶ谷刑務所から解放された囚人は、焼け残った山の手及び郡部に潜入し、夜に入るのを待って放火する計画を立てている」

「巣鴨刑務所は倒壊し、囚人が集団脱走し、婦女強姦と掠奪を繰り返している」

という不穏なものであった。

このような流言が人々に信じこまれたのも、無理はなかった。江戸時代の大火でも軽

罪人は一定期間釈放されたし、大震・火災に襲われた東京、横浜で囚人の釈放は当然考えられる処置であった。

事実、横浜刑務所では、監房その他大半が焼失・倒壊する被害を受けたため、負傷者をのぞく約千名の全囚人が二十四時間の法定期間内に帰ることを条件に釈放された。そして、囚人たちは、その時間内にかなりの数が帰所し、二度にわたり軍艦を利用して厳重な監視のもとに名古屋刑務所へ移送された。

しかし、中には逃走した者もいて、刑務所側では各要所に貼紙をして囚人の帰所を促《うなが》し、変装した所員が各所に張りこんで囚人の発見・連行につとめた。また郷里その他立廻り先の警察の協力を仰いで、逃走者の逮捕に努力した。

東京府の各刑務所では、地震発生時に例外なく険悪な空気に包まれた。囚人たちは、烈震とそれにつづく火災発生におびえて、所外に出してくれと騒ぐ。各刑務所での被害は大きく囚人たちの脱走も十分に予想され、所員はその逃亡を防ぐのに腐心した。

殊に小菅、市ヶ谷、巣鴨、豊多摩の各刑務所と小田原少年刑務所は、建物の倒壊がいちじるしく、外壁の破壊されたものが多かった。しかも、刑務官の数は少く、囚人が集団行動を起せば脱獄は容易で、刑務官の生命も危くなることが予想された。

そのため司法省は陸軍省に小菅、巣鴨、市ヶ谷各刑務所に百名、豊多摩刑務所に約五十名の軍隊の出動を依頼した。また銃の強化をはかって、二百四十挺の騎銃と実弾八千包、空砲五千二百包の支給も受けた。

刑務所側では、その間囚人の慰撫《いぶ》につとめたが、所内ではかなりの騒擾《そうじょう》が起った。

豊多摩刑務所では、大地震発生と同時に監房、工場、倉庫等が倒壊又は半壊し、独房にいた者たちは助けを求めて狂ったように叫び声をあげた。所員たちは、危険をおかしてこれらの者たちを救出し、屋外に避難させた。

その後、夜も屋外で露宿させたが、囚人の空気が悪化し、九月五日夜には暴動に類する事件が起った。

囚人は、広場の東と西に二分して避難させていたが、午後七時頃西側の囚人の中で雑談を交している者がいるので看守が注意した。が、囚人はそれに従わず雑談をやめなかったため看守が厳しく叱責した。

その強い態度が囚人たちを刺激したらしく、かれらは一斉に立ち上ると喚き声を上げ、さらに一人の囚人が大声で演説をはじめた。看守が狼狽してそれを制止すると、その囚人は突然看守の腰に帯びたサーベルの柄に手をかけ暴行に及んだ。そのため看守は囚人を投げ倒し、ようやくこれを取り抑えた。

騒ぎは一応鎮まったが、やがて東側に集っていた囚人たちが立ち上って口々に大声でわめきはじめた。それに応じて西側の囚人も喚声をあげ、所内は収拾がつかなくなった。

そのうちに一人の囚人が、

「おれが一切の責任を負うから……」

と、他の囚人を煽動するような言葉を吐いた。それは暴動をうながす意味と解されたので、その囚人を数名の看守が検身所廊下に引き出した。が、囚人は暴れ廻って取り抑えることができず、必死の説得にも耳をかさない。

刑務所内の怒号は、所外の住民の耳にも達したらしく、町の所々で半鐘が乱打される音も起り、あたり一帯は騒然となった。

看守たちは、大暴動に発展することを予感し、遂に抜剣して囚人に対した。そして、囚人たちを慰撫することに努め、中野電信連隊にも連絡して約三百名の兵の応援を得て、辛うじて囚人たちを就寝させることに成功した。

また巣鴨刑務所内でも、同様の騒動が起った。

同刑務所は烈震によって外壁の煉瓦塀が九カ所も倒壊し、脱走防止はほとんど困難な状態だった。それに囚人は二千二百八十五名という多数で、二百余名の所員では到底警護能力はなく、九月一日夜には三、四十名の兵の応援を得た。が、九月二日になると、兵は全員引揚げ、所員の不安はつのったが、その夜、騒擾が起った。

囚人は、南北二カ所にある検身所と廊下に収容していたが、突然二千余名の囚人が南北呼応して怒声をあげはじめた。そして、さらにかれらは競うように安普請の検身所の壁を突き破り、屋根をはがしはじめた。

刑務所側では全員が脱獄の気配濃厚と判断し、必死になってそれを制止しようとしたが、看守が傷を負わされたので所員は一斉に抜剣し、銃をもち出して発砲した。その勢いに恐れて囚人の騒ぎもおさまったが、発砲によって囚人三名が足その他に軽傷を負った。

これらの小暴動も、大地震と火災におびえた囚人の異常心理から生じたもので、拘束されていただけに不安も激しかったのだ。

囚人に関する流言は、数日間にわたって各方面に流れていたが、大震災の起った九月一日午後から湧《わ》きはじめた一流言は、時間の経過とともに恐るべき規模となって膨脹していた。それは、他の多くの流言を押し流すほどの強烈さで、東京、横浜をまたたく間におおいつくすと同時に、日本全国に伝わっていった。

大地震が起ってからわずか三時間ほど経過した頃、すでにその奇怪な流言は他のさまざまな流言にまじって人々の口から口に伝わっていた。それは、

「社会主義者が朝鮮人と協力し放火している」

という内容であった。

その流言は、日本の社会が内蔵していた重要な課題を反映したものであった。

第一次大戦以後、資本主義化の過程をたどっていた日本は、最大の難関を迎えていた。財閥は資本の蓄積につとめることに狂奔し、庶民の生活は極度に圧迫されていた。それ

に対して政府は、軍部の要請にもとづいて明治以来の富国強兵策を政策の中心に据え、財界との連携を深めることに終始していた。

そうした政治姿勢に対して庶民の不満はつのり、米騒動をはじめとした運動が全国的にひろがっていた。が、政府はこれらの素朴な反撥を根本的に解決しようとすることはせず、官憲による弾圧でそれに対した。

そのような歪んだ社会情勢の中で、明治後半にきざしはじめた社会主義運動は活潑化し、政治結社が続々と結成され、全国各地でストライキも頻発していた。当然政府と軍部は、社会主義運動を敵視した。その運動の拡大は国家形態の破壊をうながし、庇護《ひご》されている財界を混乱させることに通じるからだった。

政府は、官憲を駆使して社会主義者に苛酷な弾圧を試み、大地震の起った三ヵ月前の六月五日には第一次共産党党員の検挙を実施した。そして、庶民に対し、社会主義者は国家秩序をくつがえす恐るべき意図をいだいていると宣伝し、一般庶民も運動家を忌避《きひ》する傾きが濃かった。

朝鮮人に対する日本民衆の感情は、社会主義者に対するものとは異なっていた。日露戦争勃発後、日本は大陸からの軍事的脅威を緩和させるため朝鮮を重視し、明治三十七年二月に日韓議定書を締結した。この議定書は日本が朝鮮を従属させる第一歩となったが、強圧的な日本の態度に朝鮮国内の日本に対する反感はたかまった。

さらに日本政府は、強大な武力を背景に朝鮮を保護国とすることを企て、伊藤博文を初代統監とする統監府を設けて内政をすべて掌握してしまった。そして、明治四十三年八月には、最後の手段として強引に朝鮮を日本領土として併合したのである。

このような日本政府の行為は、朝鮮国民を憤激させ、朝鮮各地に暴動が発生したが、日本政府は軍を派遣してその鎮圧につとめさせた。日本政府は朝鮮を領有することに成功したが、朝鮮人の憎悪はつのるばかりで伊藤博文がハルビン駅で安重根に射殺される等各種の事件が続発した。

日本の為政者も軍部もそして一般庶民も、日韓議定書の締結以来その併合までの経過が朝鮮国民の意志を完全に無視したものであることを十分に知っていた。また統監府の苛酷な経済政策によって生活の資を得られず日本内地へ流れこんできていた朝鮮人労働者が、平穏な表情を保ちながらもその内部に激しい憤りと憎しみを秘めていることにも気づいていた。そして、そのことに同情しながらも、それは被圧迫民族の宿命として見過そうとする傾向があった。

つまり、日本人の内部には朝鮮人に対して一種の罪の意識がひそんでいたと言っていい。ただ社会主義運動家のみは朝鮮人労働者との団結を強調し、前年末には朝鮮人労働者同盟会の創立を積極的に支援していた。

そうした社会的背景のもとに、大地震の発生した直後、社会主義者と朝鮮人による放火説が自然に起ったのである。日頃から革命を唱えていた社会主義者の一群は、無警察状態になった日本の首都東京を中心に積極的な活動を開始するかも知れぬと判断され、また祖国を奪われ苛酷な労働を強いられている朝鮮人が、大災害に伴う混乱を利用して鬱積《うっせき》した憤りを日本人にたたきつける公算は十分にあると思えたのだ。

しかし、東京市内で湧いたその流言は、大規模なものに発展することはなかった。余震で大地が揺れ火炎が壮大な流れとなって入り乱れる中で、大地震再来説、大津波襲来説などの自然現象に関する流言の方がはるかに勢いが強く、社会主義者と朝鮮人による放火説はその中にほとんど埋れてしまっていた。

夜がやってきた。

東京も横浜も火勢は最高潮に達し、夜空には炎のふき上げる火の粉が充満し、路上の小石も明るく浮き上って見えるほど眩《まばゆ》い朱色におおわれていた。

辛うじて炎から身をのがれた避難民は、安全な場所にひしめき合いながら夜空を乱舞する炎をおびえきった眼でながめていた。かれらは飢えと渇きに襲われ、死の予感にもさらされて神経は極度に過敏になっていた。

かれらの間には、さまざまな流言が果てしなくかすめ過ぎ、その都度かれらの恐怖はつのっていった。かれらは、些細な噂にも強い反応をしめす異常な人間集団になっていた。

十一、自警団

大地震の起った日の夜七時頃、横浜市本牧《ほんもく》町附近で、

「朝鮮人放火す」

という声がいずこからともなく起った。それは、東京市内でささやかれていた社会主義者と朝鮮人放火説とは異なって、純然と朝鮮人のみを加害者とした流言だった。

その流言がだれの口からもれたのかは、むろんあきらかではない。ただ日本人の朝鮮人に対する後暗さが、そのような流言となってあらわれたことはまちがいなかった。

本牧町附近一帯は、押し寄せた炎にさらされて類焼中であった。その混乱の中で生れた流言は、炎にあおられたようにその附近一帯にひろがった。そして、一時間ほど過ぎた頃には、近くの北方町、根岸町、中村町、南吉田町に流布し、さらには横浜港外に碇泊する船舶等にまで達した。

しかし、その流言も横浜市の一地域にひろがっただけで、自然現象に関する流言とは

比較にならぬほど微弱なものであった。そして、その夜流布された範囲も同地域にかぎられていたが、翌二日の夜明け頃から急激に無気味なものに変形していった。

流言は「朝鮮人放火す」という単純なものであったのに、夜の間に「朝鮮人強盗す」「朝鮮人強姦す」という内容のものとなり、さらには殺人をおかし、井戸その他の飲水に劇薬を投じているという流言にまで発展した。

殺伐とした内容を帯びた流言は、人々を恐れさせ、その恐怖が一層流言の拡大をうながした。そして、その日の正午頃までには横浜市内にたちまち拡がり、鶴見、川崎方面にまで達してしまった。

さらに日没近くになると、横浜市西戸部町藤棚附近から、

「保土ヶ谷の朝鮮人土木関係労働者三百名が襲ってくる」

という風説につづいて、

「戸塚の朝鮮人土木関係労働者二、三百名が現場のダイナマイトを携帯して来襲してくる」

という流言すら起った。それは、具体的な内容をもっていただけに短時間に横浜市から市の近郊にまで伝わった。

このような朝鮮人に関する風説については、後に横浜地方裁判所検事局で徹底した追跡調査がおこなわれた。それによると検事局では、初めその風説を裏づける事実があっ

たのではないかという判断のもとに、流言の発生地を中心に一般人、警官、軍人等から事情を聴取したという。

しかし、調査の結果それらの風説は全く根拠のないもので、朝鮮人による放火、強盗、殺人、投毒の事実は皆無で、保土ヶ谷、戸塚の土木関係労働者の集団的行動もなかった。実在しないことが、なぜこのような具体性の濃い流言になってひろまったのだろうか。その根本原因は複雑だが、一般庶民が決して幻影におびえただけでもなかった。庶民の中からそのような不穏な流言が湧いたのも無理からぬ理由があった。が、それは日本人そのものの中にひそんでいたのだ。

大地震が発生した直後、東京市では軽微な盗難が随所に見られたが、横浜市では大規模な強盗事件が起った。しかも、それは組織立った集団的なもので、災害に乗じたきわめて悪質な性格をもっていた。

その代表的なものは、立憲労働党総理山口正憲を主謀者とする集団強盗事件であった。

山口は、横浜市中村町に居宅をかまえていたが、正午直前起った大地震で家が倒壊す前になったため、附近の小学校に避難した。

小学校には、家財をたずさえた避難民の群がひしめき、絶えず襲ってくる余震と随所に起る火災に平静さを失っていた。

かれらの大半は、昼食をとることも出来ず家を逃れてきた者ばかりで、救援物資が到着する望みはうすく飢えと渇きに対する激しい不安をいだいていた。

山口も同様だったが、かれは避難民を煽動して物資を調達しようと企て、避難民を集めると、立憲労働党総理であることを名乗って拳をふり演説をはじめた。そして、避難民を救うために「横浜震災救護団」という団体を結成したいと提唱した。

避難民たちは、巧みなかれの弁舌に感激し一斉に賛意を表した。

山口は、さらに自ら団長に立候補することを伝え拍手のうちに団長に推挙《すいきょ》され、多数の者がその場で入団を申し出た。

山口は、物資の調達が結局掠奪以外にないことをさとり、団員の中から体力に恵まれた者を選び出して決死隊と称させた。これらの男たちは、ただ騒擾のみを好む者たちばかりであった。

いくつかの決死隊が編成され、山口は、かれらに赤い布を左腕に巻きつけさせ赤い布を竿にしばりつけさせて、物資の掠奪を指令した。

かれらは、日本刀、竹槍、鉄棒、銃器などを手に横浜市内の類焼をまぬがれた商店や外人宅などを襲い、凶器をかざして食糧、酒類、金銭等をおどしとって歩いた。その強奪行動は、九月一日午後四時頃から同月四日午後二時頃まで十七回にわたって繰り返された。

この山口正憲を主謀者とする強盗団の横行は、自然に他の不良分子に影響をあたえた。

かれらは単独で、または親しい者を誘って集団で一般民家に押し入り、掠奪をほしいままにした。つまり横浜市内外は、地震と大火に致命的な打撃を受けると同時に強盗団の横行する地にもなったのだ。

一般市民は、恐怖におののいた。かれらは、赤い腕章をつけ赤旗をかざした男たちが集団を組んで人家を襲うのを眼にし、凶器で庶民を威嚇《いかく》するのを見た。市民には、それらの集団がどのような人物によって編成されているのか理解することは出来なかった。

そうした不穏な空気の中で、「朝鮮人放火す」という風説が本牧町を発生源に流れてきたが、だれの口からともなく町々を横行する強盗団が朝鮮人ではないかという臆測が生れた。

日本人と朝鮮人は、同じ東洋民族として顔も体つきも酷似しているというよりは全く同一と言っていい。一般市民は、その臆測にたちまち同調した。そして、強盗団の行為はすべて朝鮮人によるものとして解され、朝鮮人の強盗、強姦、殺人、投毒などの流言としてふくれ上ったのだ。

また朝鮮人土木関係労働者が二、三百名来襲の風説も、凶器を手に集団で掠奪行為を繰り返した日本人たちを朝鮮人と錯覚したことによって起ったものであった。

横浜地方裁判所検事局は、後になって朝鮮人に関する流言の発生が山口正憲一派をはじめとした強盗団の横行と密接な関係のあることをつきとめたが、さらに山口らが朝鮮人と称して掠奪をおこなったのではないかという疑いもいだいた。そして、検挙した山口をはじめ強盗を働いた者たちを個別に鋭く訊問したが、かれらの供述は一致していて、そのようなことを口にした事実は全くなかったことが判明した。つまり朝鮮人に関する流言は、山口らが作り上げたものではなかったが、かれらの犯行が庶民によって朝鮮人のものとして解釈されたのである。

流言はたちまち膨脹し、巨大な怪物に成長した。そして、横浜市内から人の口を媒介にすさまじい勢いで疾駆しはじめた。

関東大震災で最も被害の甚《はなは》だしかった横浜市の市民は、東京方面に群をなして避難していた。そのためかれらの口から朝鮮人に関する流言が、東京に素早くひろがっていったのである。

警視庁刑事部捜査課では、後にその大流言が横浜方面から東京府に伝わった最初の地域は荏原郡であることを突きとめた。そして、同郡の神奈川県に接した六郷村をはじめ蒲田、大森、入新井、羽田、駒沢、世田ヶ谷の六町と調布、矢口、池上、玉川の四カ村についで平塚、馬込の二村と、目黒、大崎町にまたたく間にひろがったことも確認した。

捜査課の調べによると、九月二日午後四時頃、六郷村方面から自転車に来って大森町に入ってきた三十四、五歳の法被《はっぴ》を着た男が、

「大変な騒ぎだ。今、不逞《ふてい》朝鮮人千名ばかりが六郷川を渡って襲撃してきた。警戒、警

戒」

と、大声で叫びながら大井町方面に走り去った。

この男の法被の背には丸に音の字が印されていて、手に刃渡り六、七寸の出刃庖丁を持っていたと言う。

この男が各所に流言をまき散らしていったことは容易に想像できるが、それ以外にも続々と押し寄せる避難民の口から流言がひろめられていった。そして、荏原郡一帯に「不逞朝鮮人の集団が三隊に分れて六郷川を渡って来襲してきたが、その中には銃を肩にしている者もいる」とか、「道路沿いの井戸に毒薬を投げこんでいる」という風説も流れた。

これらの流言は同郡内の各町村を大混乱におとしいれ、雨戸をしめて閉じこもる者もあれば、避難準備をはじめる者もいた。また男たちは、手に手に竹槍等をかざし半鐘を乱打して警戒に当った。

通報を受けた大森警察署では、電信電話が杜絶しているので状況をたしかめることができず、署員を六郷方面等に放って偵察させた。が、風説を裏づけるような事実はなく、それが悪質な流言にすぎないことを確認した。

そのため警察では、事実無根の流言であることを人々に訴えて歩いたが、狂乱状態にある町村民にはなんの効果もなかった。むしろ説得に歩き廻る警察官は各所で住民にと

りかこまれ、

「なにを悠長なことを言っているのだ。目撃者は数多くいる。そんなのんきな事を言っていて警察官が勤まるのか」

と、激しく罵倒される始末だった。

その間にも、さまざまな流言が果てしなく押し寄せ人々の恐怖を一層つのらせた。

或る四十歳前後の子供を背負った避難民らしい男は、

「矢口の渡を、銃を持った朝鮮人の大集団が渡るのを眼にした」

と、言いふらして歩いた。

また川崎町では法被を着た二人の男が自転車に乗って川崎警察署にやってくると、

「今、鶴見の町に三百人ほどの朝鮮人が襲ってきた。町の青年団から頼まれて六郷方面に派遣中という軍隊に急報に来たのだが、警察にもしらせに来た。救援を望んでいるので、至急出動して下さい」

と、告げて去った。

この男の一人は、後に神奈川県橘樹《たちばな》郡潮田町の潮田町造船所社宅に住む神野という者であることが判明し逮捕されたが、かれは事実らしい話をつくり上げて警察に通報したのである。

横浜市内に発生した朝鮮人に関する流言は、三つのコースをたどって東京市内に激浪の走るように流れこんだ。

その一は、川崎町を経由して六郷川を渡り蒲田町、大森町から東京市品川方面へ、その二は、鶴見町、御幸村、中原町を東上して丸子渡船場を越え、調布村、大崎町を経て東京市内へ、その三は、横浜市近郊の神奈川町から西進して長津田村に達し、東北方向に進んで二子渡船場を渡り玉川村から世田ヶ谷町と三軒茶屋、渋谷町方面に二分してそれぞれ東京市内へ入った。

その速度はきわめて早く、九月二日午前中には横浜市内をおおった流言が、その日のうちに東京市内から千葉、群馬、栃木、茨城の関東一円の各県に及び、翌三日には早くも福島県にまで達している。交通機関をはじめ電信、電話が壊滅していることから考えると、それは口から口に伝わったものだがその速度は驚異的な早さであった。

庶民は恐怖に駆《か》られて、流言をそのまま警察署や憲兵分隊に通報する。その度に官憲側も調査し、通報内容が全く根拠のないものであることを確認したが、通報が度重なるにつれて官憲側でも事実かも知れぬという疑惑をいだき動揺の色を見せはじめていた。

九月二日午後六時頃、渋谷町方面に流布した風説は、さらに流言を事実らしいものとして拡大させる結果になった。それは、「朝鮮人の集団が運送自動車に乗って襲来する」という流言だったが、その背後には一つの誤解がひそんでいた。

荏原郡玉川村には大丸組という土木会社の出張所があって、そこには朝鮮人労働者四十名が勤務していた。

九月一日の大震災で同組の鈴木辰五郎の家が類焼したので、大丸組出張所では鈴木家への見舞を兼ねて焼跡整理に出張することになった。そして、吉島という小頭が指揮をとって朝鮮人労働者三十四名をトラック二台に分乗させ東京市内の芝区西久保巴町にある鈴木方におもむいた。

かれらは鈴木に感謝され、焼跡の整理につとめ、午後四時半頃再び二台のトラックに乗って帰路についた。その途中、一台が玉川村用賀附近で路上警戒中の兇器をたずさえた青年団員等に停車を命じられ、他の一台も同様に渋谷町道玄坂で阻止された。

朝鮮人労働者はなぜ停車を命じられたのかわからなかったが、たちまちかれらは車からひきずり下されて激しい殴打を浴びせかけられた。小頭の吉島が反撥したが、かれも同様の暴行を受け、駈けつけた警察官によって世田ヶ谷、渋谷両警察署に連行された。

その検束を目撃した多くの者たちは、犯行を重ねた朝鮮人が逮捕されたと誤解し、それが貨物自動車による朝鮮人来襲説として流布していったのである。

また同様の事件が、その日の午後九時頃に甲州街道沿いの東京府千歳村烏山でも起った。

二階堂友治という東京府西府村の土木請負人は、京王電鉄の依頼で朝鮮人労働者十八名と共に貨物自動車に乗って笹塚車庫に向った。笹塚車庫が地震で半壊したので、その修理におもむいたのである。

しかし、甲州街道を烏山附近まで来た時、竹槍をたずさえていた七、八十名の男に停車を命じられ、全員路上に立たされた。

男たちは、どこから来たかを質問し、自動車に乗った者が朝鮮人だと知ると顔色を変えた。請負人の二階堂が仕事で笹塚車庫におもむく途中だと説明したが、青年団員らは襲撃してきた朝鮮人集団と解釈し、鳶口、梶棒、竹槍等によって激しい暴行を加え一人を刺殺し他の者にも重軽傷を負わせ、いずれも死亡したと信じて引揚げた。

東京府下から東京市に侵入した流言は、横浜市内で発生した頃のものとくらべると、はるかに複雑な様相を呈していた。流言は流言と合流し、さらに恐怖におののく庶民の臆測によって変形し巨大な歯車のように各町々を廻転していった。

東京市内では、九月二日午前十時頃から早くも朝鮮人に関する流言がひろがりはじめた。そして、避難民の大群がたむろする上野公園等の空地をかすめ過ぎ、市内各所に走っていった。

その流言の内容は多岐《たき》にわたっていて、時間の経過とともに不穏なものに変化していた。

九月二日午前十時頃流布せる流言

「不逞朝鮮人の来襲あるべし」

「昨日の大火災の大半は、不逞朝鮮人の放火又は爆弾の投擲《とうてき》に依るものなり」

「朝鮮人中の暴徒は、某神社に潜伏せり」

同日午後二時頃流布せる流言

「朝鮮人約二百名、神奈川県寺尾方面の部落に於て、殺傷、掠奪、放火等をつゞけ、次第に東京方面に襲来しつゝあり」

「朝鮮人約三千名すでに多摩川を渡りて洗足及び中延附近に来襲し、今や住民と闘争中なり」

同日午後二時五分頃流布せる流言

「横浜の大火は、概《おおむ》ね朝鮮人の放火に原因せり。彼等は団結して至る所に掠奪を行い、婦女を辱しめ、残存建物を焼燬《しょうき》せんとするなど、暴虐甚しきを以て、全市の青年団、在郷軍人会等は県警察部と協力して之が防止に努力中」（横浜方面よりの避難者の流言）

「横浜方面に於ける朝鮮人の集団は、数十名乃至数百名にして、漸次上京の途に就《つ》けるを以て、神奈川、川崎、鶴見各町村に於ては、全力を挙げて警戒を厳にせり」（横浜方面よりの避難者の流言）

「横浜方面より襲来せる朝鮮人の数は、約二千名にして、鉄砲、刀剣等を携帯し、すでに六郷の鉄橋を渡れり」
「軍隊は六郷河畔に機関銃を備えて、朝鮮人の入京を遮断せんとし、在郷軍人、青年団員等も出動して軍隊に応援せり」
「横浜方面より東京に向える朝鮮人は、六郷河畔に於て軍隊に阻止されたため、一転して矢口方面に向えり」
同日午後三時四十分頃に流布せる流言
「高田町雑司ヶ谷に住む朝鮮人は、向原の某方へ放火せんとし、現場に於て民衆に逮捕さる」
同日午後四時頃に流布せる流言
「大塚火薬庫襲撃の目的を有する朝鮮人は、今やまさに某附近に集結せんとす」
「朝鮮人原町田に来襲して、青年団と闘争中なり」
「原町田を襲える朝鮮人二百名は、さらに相原、片倉の両村を侵し、農家を掠《かす》め、婦女を殺害せり」
同日午後四時三十分頃に流布せる流言
「朝鮮人二、三百名横浜方面より神奈川県溝の口に至りて放火せる後、多摩川二子渡船場を越え、多摩川河原に進撃中なり」
「朝鮮人目黒火薬庫を襲えり」

「朝鮮人鶴見方面に於て婦女を殺害せり」
同日午後五時頃流布せし流言
「朝鮮人百十余名、寺島署管内四つ木橋附近に集り、津波来ると連呼しつつ凶器をふるいて暴行をなし、或は放火するものあり」
同日午後五時三十分頃流布せる流言
「戸塚方面より多数の民衆に追われたる朝鮮人某は、大塚電車終点附近の井戸に毒薬を投入せり」
同日午後六時頃流布せる流言
「朝鮮人等は、或る機会に乗じて暴動を起すの計画ありしが、震火災の突発に際してあらかじめ用意せる爆弾、劇薬を使用して、帝都の全滅を期せんとす。井戸水を飲み、菓子を食するは危険なり」
「上野精養軒前の井戸水の変色せるは、毒薬のためなり。上野公園下の井戸水にも異状あり。上野動物園の池水も変色して金魚は一匹残らず死せり」
「上野広小路松坂屋へ爆弾二個を投じたる朝鮮人二名を逮捕せしが、某の所持せる二枚の紙幣は、社会主義者より得たるものなり」
「上野駅の焼失は、朝鮮人二名が麦酒瓶に入れたる石油を注ぎて放火せる結果なり」

このほかさまざまな流言が入り乱れてひろがった。中には、朝鮮人と青年団が銃撃戦を展開し銃声しきりに聞ゆという内容のものや、朝鮮人が警官に変装して横行しているという風説もあった。

これらのおびただしい流言は、当時警察でも調査し、後に裁判所検事局でも徹底的に追及した。

その結果、これらの流言のすべてが事実無根で、一つとして朝鮮人の来襲等を裏づけるものはなかった。

流言は、通常些細《ささい》な事実が不当にふくれ上って口から口に伝わるものだが、関東大震災での朝鮮人来襲説は全くなんの事実もなかったという特異な性格をもつ。このことは、当時の官憲の調査によっても確認されているが、大災害によって人々の大半が精神異常をきたしていた結果としか考えられない。そして、その異常心理から、各町村で朝鮮人来襲にそなえる自警団という組織が自然発生的に生れたのだ。

大地震が発生直後、各町村では、消防組、在郷軍人会、青年団等が火災防止、盗難防止をはじめ罹災民の救援事業につとめた。

被害を受けぬ地域では、炊出しをおこない応急の救護所を設けて避難してくる人々を温かく迎え入れた。その中心となって働いたのが各町村の団体であったが、朝鮮人に関する流言がひろまった頃から、その性格は一変した。

これらの団体は町村自衛のために、朝鮮人来襲説におびえて法で禁じられた凶器を手に武装し、自警団として続々と組織された。そして、一般の男たちも凶器をたずさえて参加し、たちまち大規模な集団になった。その自警団の数は、九月十六日の調査による と東京府、東京市で実に千百四十五の数にものぼった。

所持していた凶器はさまざまだった。九月一日から末日までに警視庁で押収した凶器は、日本刀三百九十、焼刀身百九十七、仕込杖九十一、匕首《あいくち》七十一、金棒六百九十二、猟銃十九、拳銃十八をはじめ、計千九百四十七に及んでいるが、この数は実際にかれらが所持した数のごく一部にすぎなかった。

かれらは、凶器を手にするため慶応大学の銃器庫に押寄せさえした。

九月二日夕刻、東京市芝区三田方面では、朝鮮人来襲の流言におびえた住民多数が慶応大学構内に避難した。その際前田某という青年団の幹部が、朝鮮人に対抗する武器を入手しようとして他の青年団員を指揮して同大学倉庫に入り、銃及び剣を持ち出した。銃は三八式、三〇式、二二式各歩兵銃とレカンツ銃で、その他指揮刀、短剣、計数百挺に及んだ。

武装したかれらは、昼夜交代で路に検問所を設け、隊を組んで町内を巡回した。

かれらは、手当り次第に通行人を呼びとめては訊問する。凶器を手にした自警団は、完全な暴徒集団に化していた。

男たちは、町内を探し廻って朝鮮人を発見すると、これに暴力を加え縛り上げて傷つけ、遂には殺害することさえした。

被害者は、朝鮮人のみではなかった。通行中の日本人も路上で訊問を受けたが、凶器をたずさえた自警団におびえて答えることもできない。自警団員は、国歌をうたってみろとか、いろはがるたを口にせよと命じる。

気も動顚した通行人が言葉をまちがえると、日本人ではないと判定される。殊に地方出身者は言葉に訛《なまり》があるので、自警団員の疑惑を深めさせた。

また中には気丈にも自警団員の暴行に憤激して反撥した通行人もいたが、それらはことごとく袋叩きに遭い、凶器で殺傷される者も多かった。

自警団員たちは、一般庶民がおびえるので益々増長し、掠奪、暴行、殺傷をほしいままにする者まで出てくるようになった。そして、朝鮮人の中には軍人、警察官に変装している者がいるという流言を信じて、軍人、警察官を襲う事件すら起った。

東京市内の各警察署管内での状況を概観してみると、まず麴町署管内では二人の日本人殺害事件が起っている。

麴町区永田町一帯には青年団員等によって自警団が組織されていたが、九月三日午後二時頃同町派出所前を二名の男が通りかかった。

自警団員が、かれらを取りかこんで不審訊問したが、二名の通行人は言葉も不明瞭で落着きを失っていたため、自警団員たちは朝鮮人ではないかと疑った。そのうちに突然若い団員の一人が手にした日本刀を引き抜いた。そして、二人の通行人のうち印半纏を着た男に斬りつけた。

それを見た他の洋服姿の男が逃げ出したので、若い団員はこれを追って刀を浴びせかけた。結局二人の通行人は団員によって斬殺されたが、その二人の通行人はいずれも日本人であった。

このような日本人殺害事件は、麻布区霞町、品川町品川橋附近、大井町、入新井町不入《いり》斗《やまず》、世田ヶ谷、江北村鹿沼等で続発した。

朝鮮人に対する殺人事件は、各所で発生した。

東京府下南綾瀬村柳原では、自警団員が大挙して朝鮮人住宅を襲い七名を殺害した。

東京府下吾嬬町に薪炭商を営む小野寺政治は、同居している朝鮮人二名を警察で保護してもらおうとして亀戸警察におもむく途中自警団に包囲された。小野寺は、善良な朝鮮人であると弁明したが、自警団員は承服せず小野寺にも暴行を加えようとした。小野寺は逃げ出したが、その後朝鮮人一名が殴打され殺された。

また世田ヶ谷方面では、九月二日午後五時頃世田ヶ谷警察署巡査渡辺某が朝鮮人二名を護送中、約四十名の自警団員に路上でさえぎられた。そして、一名が猟銃によって射殺された。

その他、亀戸附近、神奈川県鶴見町等でも殺害事件が起った。

当時、東京の各警察署でも独自に風説の調査につとめたが、すべてが単なる流言にすぎぬことを確認している。

神田錦町警察署管内では、九月三日朝鮮人が井戸に毒薬を投じているとの流言がさかんであったが、翌四日佐柄木町の井戸水を飲んだ金子栄次郎ほか四名が激しい嘔吐に襲われた。附近の住民たちは流言が事実だと動揺したが、警察で検査した結果、井戸水には異常はなく単なる食中毒であることが判明した。

赤坂青山警察署管内の青山南町五丁目では、九月四日午後十一時三十分、異常事態の発生を告げる呼笛が鳴った後銃声が連続的にきこえた。附近の住民は、朝鮮人が来襲したと信じ大騒ぎになった。

通報を受けた警察署では、ただちに多数の署員を急派して捜査に当らせた。そして、銃弾を発射した者も判明したが、かれは銃を手に警戒中、怪しい人影を発見し朝鮮人と思い引金を引いた。が、それは月光を浴びた樹の影であったことがあきらかになった。

九月二日午後三時頃、自警団員が一朝鮮人をとらえ爆弾と毒薬をたずさえているとして暴行を加え駒込警察署に引き立ててきた。が、警察で所持品を検査したところ爆弾と思ったものはパイナップルの缶詰で、毒薬と推定されていたものはただの砂糖にすぎなかった。

またその日の午後七時、品川署管内の八ツ山附近を通行中の朝鮮人が自警団に包囲された。かれらの所持品中に焼けこげた金属の缶四個と四合入りの瓶二本が発見され、自警団は爆弾と石油にちがいないと判断した。が、これも牛肉缶詰とレッテルのはげたビール瓶にすぎなかった。

各所で人々を恐怖におとしいれたものの中に、門、塀等に記された奇妙な符号があった。その数はきわめて多く、A、12a、2Ⓟ、1B、1m、◯、W3、r、u、m、Ⓟなどという洋文字を使ったものや、㋳、ケ、ヤヤ、ヌという片仮名文字、仐、ᛘ、⤪、⇙、キ、虫など多種多様であった。

これらの符号は、たちまち流言の絶好の対象になった。人々は、朝鮮人が社会秩序を破壊する符号として使用しているのだとかたく信じこんだ。それらの奇妙な符号は、「殺人すべし」「放火すべし」「毒薬を投下すべし」「爆弾を使用すべし」などをあらわす暗号として恐れられたのである。

しかし、それらの符号は、牛乳配達、新聞配達、糞尿処理業者が得意先の各家々を分別するために白墨等でしるしていたもので、朝鮮人とは全く関係のないものであった。日頃眼にしていたはずのそれらの符号が、流言によって特殊な意味をもつものとして考えられたということは、大震災と同時に日本人が異常な精神状態におちいっていたことをしめしている。

九月十一日、渋谷町下渋谷に住む平野という男から渋谷警察署に通報があった。かれの雇人である高橋という男が、凶器を手にした朝鮮人に襲われ殺害されたという。

警察では、ただちに署員を平野宅に急がせた。

たしかに家の中では、高橋某が鋭利な刃物で刺され死亡していた。

署員は、平野から事情を聴取したが、その言葉に曖昧な点が多く追及した結果、高橋を殺害したのは平野であることがあきらかになった。

平野は、雇人の高橋がかなりの額の金銭を所持していたので、その金銭を奪うために殺害した。そして、流言を利用して犯行をくらますため朝鮮人に殺されたと警察に訴えたのである。

この殺害事件は、初め朝鮮人によるものと考えられたため渋谷町にはかなりの混乱が見られた。

横浜市から発した朝鮮人来襲の風説は、当時の官憲側の調査によってもそれを裏づける事実はなかったのだ。

随所で続発した朝鮮人虐殺事件は、各町々で結成された一般民衆による組織によっておこなわれた。かれらは、日本刀、銃、竹槍、棍棒等を所持し、朝鮮人を探し出すことに狂奔し、朝鮮人と認めると容赦なくこれを殺害し、傷つけた。

この虐殺事件は、大震火災で無法化した地に公然とおこなわれた。

流言をかたく信じこんだ一般民衆は、恐怖に駆られて耳にした風説を各地域の警察署に通報した。その都度各警察署では署員を派して事実調査に当らせたが、大震火災の中であるだけにその調査は思うにまかせず、庶民の相つぐ通報に激しく翻弄《ほんろう》されるようになった。

各警察署長は、その職務上朝鮮人に関する流言を警視庁に報告していたが、それが巨大な量にふくれ上るにつれて警視庁内部も動揺しはじめた。

殊に九月二日の小石川富坂警察署からの報告は、警視庁に流言が事実にもとづくものらしいとの判断をいだかせた。

富坂警察署管内では、その日の午前五時頃、「大地震が再び襲来すること確実」という風説がひろがり、管内の住民の間にかなりの混乱が見られた。そのため富坂署では中央気象台に事実であるか否かを問い合わせたが、

「そのようなことはあり得ない」

という回答を得たので、管内にその旨を伝え、人心を安定させることにつとめた。

しかし、その努力もむなしくさまざまな流言が乱れ飛んで、

「大震災は再来する。×時と○時に△回襲来するから注意せよ　気象台警報」

と、もっともらしい貼紙を電柱等に貼る者もいて、その警報を信じこんだ住民の混乱

は一層激しくなった。

その頃から朝鮮人に関する流言がひろがりはじめ、午後三時頃には、

「不逞朝鮮人等が毒薬を水道の水源地に撒布したので、水道は断水した。さらに朝鮮人等は井戸や飲料水にも毒薬を投入しているから厳重に警戒せよ」

という流言が人々の口から口に伝わった。

そのため不安に駆られた住民たちは、飲料水や食物を検査してもらおうと富坂署に殺到し、署内は混雑した。

そのうちに陸軍の大塚火薬庫を朝鮮人が襲撃するという流言が伝わり、火薬庫附近にいた数名の朝鮮人を火薬庫に放火する意図をいだいた者として暴行を加えた上、富坂署に引き立ててきた。

自警団員たちは昂奮して、口々に朝鮮人が放火しようとしていたと叫んだので、富坂警察署ではその訴えを信じ、傷ついた朝鮮人をその場で検束し、ただちにその旨を警視庁に急報した。

それを追うように牛込神楽坂警察署からも、放火を企てた朝鮮人二十名を自警団員が連行してきたので、これを逮捕したと緊急報告してきた。

また午後四時頃には富坂警察署の報告を裏づけるように大塚署から、朝鮮人多数が大塚火薬庫襲撃を企て同火薬庫附近に集結中であるという住民の通報を得たので、至急応

援を乞うと懇請してきた。

各警察署からの報告につぐ大塚署の依頼に、警視庁は朝鮮人の騒乱説は事実であり、しかも事態がきわめて切迫していると判断した。

その頃、政府は大震火災に対する施策を立てることに腐心していた。

八月二十四日首相加藤友三郎海軍大将の死去によって、後継内閣首班に山本権兵衛海軍大将が推挙され、山本は組閣工作に取りくんでいた。その組閣がまだ終らぬうちに関東大震災が発生したため、政府部内の混乱は甚だしかった。

後継内閣が誕生するまでの臨時首相に任ぜられていた外相内田康哉は、地震発生後加藤内閣の閣僚たちと臨時閣議をひらき、応急救援対策と治安維持について協議した。殊に治安維持については、内務大臣水野錬太郎と警視総監赤池濃がその中心となって対策を立てることに努力した。

まず、九月一日午後四時三十分、赤池警視総監は、警視庁、各警察署の焼失等によって災害地の治安を残存の警察官のみで維持することは不可能と考え、東京衛戍《えいじゅ》司令官に出兵を要請した。

その依頼にこたえて衛戍司令部では、九月一日夜に近衛師団、第一師団に命じて、要所要所に兵を派し警戒に当らせた。

さらに翌二日になると、朝鮮人に関する流言が横浜市、東京府を中心にすさまじい早さでひろがった。そして、大塚警察署をはじめ各警察署から朝鮮人来襲の報告が相ついだので、水野内相は赤池総監とともに戒厳令施行を建言した。

政府もその必要をみとめて水野の主張を採用し、それにもとづいて東京衛戍司令官森岡守成中将が東京市と荏原、豊多摩、北豊島、南足立、南葛飾の府下五郡に戒厳令第九、第十四条を適用した。

その直後、山本権兵衛海軍大将は、入閣した閣僚とともに余震のつづく赤坂離宮の庭で内閣の親任式を受け、内務大臣には後藤新平が就任した。

森岡司令官は東京以外の地方師団の出兵を求め、

「万一、此の災害に乗じ、非行を敢《あえ》てし、治安秩序を紊《みだ》るが如きもののあるときは、之を制止し、若《も》し之に応ぜざるもののあるときは、警告を与えたる後、兵器を用うることを得」

と、訓令した。

さらに翌三日、戒厳区域を東京府、神奈川県全域に、翌四日には埼玉、千葉二県にも拡大して、関東戒厳司令部を設置し、司令官に福田雅太郎陸軍大将、参謀長に阿部信行陸軍少将が任ぜられ、各地方師団からの出兵がうながされた。その兵力は、約五万名に及んだ。

九月二日夕刻、警視庁から朝鮮人による火薬庫放火計画があるとの報告を受けた東京

戒厳司令部では、厳重警戒をはらうべきだと判断し、警視庁でも各警察署に対して、

「鮮人中不逞の挙についで放火その他強暴なる行為にいづるものありて、現に淀橋・大塚等に於て検挙したる向きあり。この際これら鮮人に対する取締りを厳にして警戒上違算なきを期せられたし」

と、通達した。

朝鮮人来襲の流言は、遂に政府、軍、警察関係者に事実と解釈されたのである。全く根拠のない流言が民衆の間に流布され、それが取り締りに当るべき部門にも事実と信じられるにいたったのだ。

電信、電話はすべて壊滅していたが、わずかに海軍省の船橋送信所が機能を保持していた。

同送信所では所長大森大尉指揮のもとに、東京との無線連絡が杜絶したので使いの者を出したが帰所せず、ようやく九月二日午後二時すぎ多くの送信電報を手にもどってきた。

またそれを追って内務省警保局長後藤文夫から呉鎮守府、地方長官宛の電報が伝騎によってとどけられた。その電文は、

「東京附近の震災を利用し、朝鮮人は各地に放火し、不逞の目的を遂行せんとし、現に

東京市内に於て爆弾を所持し、石油を注ぎて放火するものあり。既に東京府下には一部戒厳令を施行したるが故に、各地に於て充分周密なる視察を加え、鮮人の行動に対しては厳密なる取締を加えられたし」

という内容であった。

この電文は、内務省が朝鮮人に関する流言を流言としてではなく、事実と断定したことをしめしている。そして、それを公式の電報として各地方に発信したため、朝鮮人による暴動説は、現実に起っている大事件として全国にまたたく間にひろがっていったのである。

船橋送信所では、警保局長の依頼電文によって、朝鮮人来襲説が事実であることを知った。その間、避難者から朝鮮人が東京市内で爆弾を投げ、放火しているという話がしきりで所員は激しい不安に襲われていた。

翌三日午後三時頃、送信所近くの船橋、中山、八幡等の各村で警鐘が乱打されているのがきこえ所内は騒然となった。

大森所長は、ただちに守衛を自転車で各村に走らせ、また船橋警察へも電話で問い合わせたが、電話不通のため回答を得られなかった。

その頃、送信所と東京間を砲兵が連絡任務についていたが、帰所してきた砲兵は朝鮮人が集団を組んで市川の鉄橋破壊を企て、警備兵と格闘し逃走したと報告した。

またもどってきた守衛の言によると、各村では朝鮮人来襲説がしきりで警鐘を乱打していることが判明し、大森は、送信所が襲われるのではないかと危惧した。

大森は、ただちに全所員を集めて武装させ警戒の任にあたらせたが、近くの村では警鐘がしきりに鳴り、朝鮮人に関する通報が続々と伝えられ、中には送信所破壊を企てた朝鮮人が来襲するらしいという情報もあった。

大森所長は、所員のみで送信所を防備することは到底不可能と判断し、使者を出して衛戍司令官に兵の派遣を懇請した。その結果、騎兵二十名をさし向けるという回答を得、ようやく安堵することができた。

しかし、午後に入ると、爆弾を手にした朝鮮人を格闘の末逮捕した等の情報がしきりで、大森は送信所に朝鮮人の来襲必至と考えた。が、応援の騎兵は夕方近くになっても来着せず、大森所長の恐怖はつのり、午後四時三十分、

「船橋送信所襲撃のおそれあり。至急救援頼む。騎兵一個小隊応援に来るはずなるも、未だ来らず」

という悲痛な電報を発信した。

その後、午後七時三十分に習志野騎兵学校から特務曹長の指揮で騎兵一個小隊　一十名が到着したが、小隊長は、
一、本日午前鮮人二十名が騎兵学校の火薬庫に襲来したが、いち早く歩哨が急を告げ

ため無事であった
二、朝鮮人が所沢航空隊附近の村を焼打ちした
と、報告した。

船橋送信所では一層不安を感じて、翌四日午前八時十分、

「本所（送信所）襲撃の目的を以て襲来せる不逞団接近、騎兵二十、青年団、消防隊等にて警戒中、右の兵員にては到底防禦不可能に付約百五十の歩兵急派方取計い度く、当方面の陸軍には右以上出兵の余力なし」

という危急電を発信した。

船橋送信所が独断で発したこれらの電文は、全国各地の無線電信所で受信され、東京とその附近一帯が朝鮮人暴徒によって大混乱をしていると判断された。

横浜市内から湧いた根拠のない流言は、一般民衆の間で巨大な流言と化し、さらに軍と官憲によって事実と断定され、しかも全国に伝えられていったのである。

さらにこの大流言は、唯一の報道機関である新聞によっても事実として報道され、朝鮮人に対する虐殺事件の続発をうながした。むろんそれらの記事は、船橋送信所から発信された内務省警保局長から出た公式電報によって起った混乱であった。

まず大阪朝日新聞（九月四日）には、この間の事情をしめす記事が掲載されている。

「各地でも警戒されたし・警保局から各所へ無電」という見出しのもとに、

「神戸に於ける某無線電信で三日傍受したところによると、内務省警保局では朝鮮総督府、呉、佐世保両鎮守府並に舞鶴要港部司令官宛てに目下東京市内に於ける大混乱状態に附け込み、不逞鮮人の一派は随所に蜂起せんとするの模様あり。中には爆弾を持って市内を密行し、又石油缶を持ち運び混雑に紛れて大建築物に放火せんとするの模様あり。東京市内に於て極力警戒中であるが各地に於ても厳戒せられたしとあった」

という記事が見られる。

その公式電報とともに東京、横浜からの避難者の口から朝鮮人の暴動説が各地に流れ、それが新聞記事として報道された。電話等の杜絶で、避難民の談話が有力なニュース源になっていたのである。

仙台鉄道局には、埼玉県大宮に出張していた一書記から鉄道職員の実見談が電話で報告され、その談話が新聞にも掲載された。

「浅草、北千住、南千住方面の電車線路には避難民が身動きもならぬ程に居り、三河島、日暮里、赤羽間の鉄道線路にも幾万となく難を避けて寝ている者もあれば、既に死んでいる者も大分ある。浅草の観音さんと本願寺は焼失をまぬがれ、噴水の中に二、三百人の死人があったが、多分焦熱にたえかね飛びこんだものと察せられる。

不逞鮮人は、爆裂弾や短銃を持って暴行し、水筒や瓶に石油を入れ、一人が石油をふりかけ一人が火をつけるという有様で、中には日本の婦人でかれらの手足に使われているものもあるそうだ。

市民は、互いに棒の如きものを持っていて、少しでも怪しいと思うものがあれば撲殺するという勢いで、鮮人らしいものには言葉をかけ、答弁の不確実なものはその場でなぐりつけるという有様で、罹災者は鮮人を恨み憎むこと甚だしくいずれも昂奮の極に達している。

三日夜は、大宮機関庫裏で一人、小山で一人、宇都宮で四人も鮮人が殺されたそうだ。捕えられた一鮮人の大言するところによれば、仙台、宇都宮間を全滅せしむる計画であったとのことである。

三日夜、碓氷峠を鮮人が大挙して破壊するという報により警戒の結果、横川で三人の不逞鮮人を捕縛したところ、その内の一名は陸軍少佐の服装をしていたとのことで、このため第一〇四列車は二時間おくれて川口町についた。田端でも三日十九人の鮮人が捕われたが、こんな訳で警戒が厳重になってきたため鮮人たちは段々北方に逃走のおそれがあり、各地共に厳重な警戒が必要である」

九月四日午前一時に宇都宮から発せられた電話連絡は、各新聞に次のような記事となって掲載されている。

「三日午後八時半頃、宇都宮停車場前にて両手に爆弾を握り何事かを計らんとしていた鮮人二名が、警戒中の青年団に捕われ、又同十一時頃池上町下野新聞社附近にても二人の鮮人が拳銃をたずさえて実弾を装塡し徘徊していたるを警戒中の兵のため逮捕され、十二時過ぎ巡査、兵隊六、七名に護送され警察署にて取調中。

これがため各青年団、巡査、軍隊が出動し、徹宵警戒の任に当り、各戸には当局より市民一般に警告あり、戦々恟々《きょうきょう》たり。これは東京より逃れ来れる鮮人が市内に侵入したるがためにして危険きわまりなく、当市はほとんど不眠の状態に過ごし、幸い今朝まで何事もなかりしが鮮人の多くは皆爆弾或は拳銃を所持し居れり」

このほかにも、朝鮮人暴動の記事が各紙の紙面を大きくさいている。

「鮮人の一隊
　亀有附近に暴動
　　死傷多数の見込

昨日夜、亀有駅附近に不逞鮮人の一隊現われ、盛んに暴動を起し銃声盛んなりしが、相当死傷ある見込なり。（水戸発）」

「不逞鮮人の陰謀に
　御盛典を期す
　　携帯拳銃は露国式

鮮人の陰謀は、今秋行わるる御盛典を目標に着々進められたものの如くで、しかるに今回の変災に乗じにわかに之を行いたるものらしく、彼等の携帯せるピストルは露国方面より手に入れたもので爆弾の入手経路は未だ不明。かれらは主に上海、朝鮮より入り込みたるものならんと。この大体の目星つきたるため、当局が之れが捜索をなしつつありて各駅にて取押えたるもの多し。

鮮人の暗号が判明したと全市に伝えられ、警戒の度は益々厳重になったが、丸にAの印は、爆弾を投げる個所。ヤの字は、暗殺・強盗。カの字は、井戸に毒物を投入。菱形は放火だと言われ、夫々チョークで鮮人連が標識としたもので、芝公園では避難民に対し貴重な水をくれるものがあったが、それには硫酸が混入されそのため死亡したものがあった……。

殊に不逞鮮人の跋扈《ばっこ》は言語道断で、火災の半数以上は不逞鮮人の爆弾にやられたのは事実である。松坂屋前では手に爆弾を所持して居る鮮人が縛されていたのを見受け、帝大附近は火災にやられたというよりむしろ爆弾にやられたのが多い。

それだけに鮮人に対する市民の反感はすこぶる猛烈を極め、鮮人と見ると一人も容赦せぬ気勢を見せ、衝突は随所に起り、浅草では鮮人一味が避難民の荷物を掠奪した。

二日夜は、五十人程の一隊が襲撃したが約二十人が捕われ、鈴ヶ森には一千五百人の不逞鮮人が陣取って居る。附近の住民は、在郷軍人、警官等協力して警戒は物凄いと言われて居るが真偽は判明せぬ」

さらに東京月島に住んでいた一罹災者の談話として、つぎのような驚くべき記事もある。

「去る（九月）一日正午、最初の強震で住民は一斉に電車通りとか鉄工場の空地へ避難した。

以来連続的に揺れて居ったが、その最初の強震があって約三十分も経ったと思う頃、銀座尾張町と芝口の二カ所に出火あり。黒煙濛々《もうもう》として物凄く消防隊が馳けつけたけれども水の便がないので火勢は刻々猛烈となってゆくばかり。やがて火の手は八方からあがり、さらに夕景に至ってあたかも暴風の状態となり、本所、深川方面は一面火の海と化してしまった。

その頃まで住民たちは異口同音に、川をへだてているから月島だけは大丈夫と多寡をくくって逃げ仕度もせず、飛来せる火の粉を消したりなどして対岸の火事見物をしていたところ火足はすこぶる迅速で、ソレ商船学校が燃え出した、ソレ糧秣廠だという塩梅に猛火はだんだんと月島の方向さして襲ってくる。

とうとう一号地が燃え出し二号地の市営住宅にも火がついたと思う間もなく、この市営住宅三百戸ばかりが瞬く間にひとなめにされ、さらに三号地に移って、ここもまたひとたまりもなく灰燼に帰した。……（略）こうして月島は、きれいさっぱりと焼きつくされたのである。

これより先、越中島の糧秣廠には、その空地を目あてに本所、深川あたりから避難してきた罹災民約三千人が雲集していたところ、その入口の方向にあたって異様の爆音が連続したと思う間もなく、糧秣廠が火災に包まれた。

そして、爆弾は所々で炸裂し、三千人の避難者は逃げ場を失ってあたりは阿鼻叫喚の巷に化し、遂に生きながら焦熱地獄の修羅場を現出して一人残らず焼死してしまった。その惨憺たる光景は、筆や口のよく尽すところではなかった。

月島住民は、三万坪の空地一面におかれていた下水用の土管内に避難し火薬庫の破裂もまぬがれたため死傷者が割合少かっただけに、三千人を丸焼きにした越中島の惨劇を実見した者が多く、しかもその爆弾を投下したのは鮮人の仕業であることが早くもさとられた。

そのため仕事師連中、在郷軍人会、青年団などが不逞鮮人の物色捜査に着手した。

やがて爆弾を携帯せる鮮人を捕えた。恐らく首魁《しゅかい》者の一人であろうというので厳重に詰問したところ遂にかれは次の如く白状した。『われわれは、今年の或る時期に大官連が集合するのを狙って爆弾を投下し、ついで全市到るところで爆弾を炸裂せしめ皆殺しをたくらみ、また二百十日には必ずや暴風雨が襲来するからその機に乗じて一旗あげる陰謀をめぐらし、機の到来を待ちかまえていた折柄、大強震あり。この地震こそは好機なりとし、ここに蜂起したのである』

これをきいた一同の憤懣やるかたなく、さては風向きと反対の方面に火の手があがったり意外な所から燃え出したりパチパチと異様な音がしたりしたのは、まさに彼ら鮮人が爆弾を投下したためであったことがはっきりしたので、恨みは骨髄に徹し、評議たちまち一決して、この鮮人の首はただちに一刀のもとに刎《は》ね飛ばされた。

かくて捕えられた鮮人二十四人は、十三人と十一人が別々に集められ、針金で縛り上げ鳶口で殺し海へ投げこんでしまった。（後略）」

このように流言を信じこんだ自警団員等によって多くの朝鮮人が虐殺されたが、後に政府はその殺害された朝鮮人の数を二百三十一名と発表した。

しかし、この朝鮮人の被害度について疑義を呈する者もいた。その一人に法学博士吉野作造がいる。

吉野は、赤松克麿の協力を得て日本歴史の一大汚点ともいうべき関東大震災における朝鮮人虐殺事件の調査に手をつけた。そして、政府発表を信頼せず在日朝鮮人学生によって結成された「在日朝鮮同胞慰問会」の調査に注目した。

かれは、「在日朝鮮同胞慰問会」が官憲や一般民衆の冷たい扱いを排除しながら地味な調査をつづけていることを知っていた。そして、その調査委員から得た東京府、横浜市、埼玉、群馬、千葉、長野、茨城、栃木各県の被害総計として、十月末までに殺害された朝鮮人の数を二千六百十三名と結論づけた。

かれは、たまたま良心的な出版社として知られる改造社が企画した「大正大震火災誌」の編集部から原稿依頼を受けていたので、「朝鮮人虐殺事件」と題する一文を「労働運動者及社会主義者圧迫事件」とともに執筆した。

そして、前者の文中に殺害された朝鮮人の数を二千六百十三名と記し、虐殺現場の地名も克明に書きとめた。

しかし、この一文は、内務省によって発表を禁じられた。そのため改造社発行の「大正大震火災誌」の社会問題の項で吉野作造の論文は、「労働運動者及社会主義者圧迫事件」のみにかぎられ、朝鮮人虐殺事件に関するものは没にされた。そして、吉野論文の末尾に、「お断り」と題して、「法学博士吉野作造氏執筆『朝鮮人虐殺事件』……は、豊富なる資料と精細なる検討に依って出来た鏤骨《るこつ》苦心の好文字であったが、其筋の内閲を経たる結果遺憾ながら全部割愛せざるの已《や》むなきに到った。茲《ここ》に記して筆者及び読者の御諒恕を仰ぐ」

という編者の言葉が記されている。

この一文から察しても、政府は、国内的にも国際的にも虐殺事件の内容を縮小して発表しようと意図したのである。

尚「在日朝鮮同胞慰問会」のその後の調査では、難に遭った朝鮮人の実数は六千人以上にも達していると発表されている。

また政府発表によると朝鮮人にまちがえられた日本人五十七名が殺害され四十九名が

負傷し、中国人も四名が殺されている。

各地の警察では、多くの朝鮮人を逮捕し厳重に訊問したが、かれらからはなんの不審な点も発見できなかった。

一般民衆が井戸に投入する毒薬を朝鮮人が持っていると訴えて取調べてみると、それは七味唐辛子であったり、爆弾と思われるものも単なる食糧缶詰にすぎない。放火の事実も皆無で、強盗、殺人等の証拠もつかむことは出来なかった。

しかし、民衆は朝鮮人の発見につとめ、凶器によって殺傷をつづけている。暴徒はむしろ自警団員らであった。

警視庁は、ようやく朝鮮人暴動説が根拠のない流言にすぎないことに気づきはじめた。そして、完全な暴徒と化した自警団組織の残虐行為を抑制する必要を感じ、まず九月二日午後三時に、赤池警視総監は各警察署長に対して、

「一、流言防止、人心安定を策すべき大宣伝を実施すること
二、流言の由来、径路、真相を厳密探査し、流言者は厳重取締ること
三、真相判明する迄は、応急警戒を実施すること
四、朝鮮人、内地人の如何に拘わらず、不逞行動をなす者は厳重取締ること
五、朝鮮人の収容保護を迅速にし、且つ内鮮人間の融和を計ること

六、自警団を善導し、戎兇器携帯を禁じ、其の暴挙に対しては断乎たる取締をなすこと」

と、命じた。

しかし、警視庁では依然として朝鮮人暴動説が全く根拠のないものであるという確信をいだくには至らず、この通達文も要領を得ないものであったので、各警察署では思いきった対策をとることは出来なかった。

その後、警視庁では情報の整理にとりくみ、次第に朝鮮人暴動説が事実無根のものであるという確信をいだくようになった。

そして、九月三日午前六時に、左のような宣伝ビラを各警察署管内に配布した。

「不逞鮮人妄動の噂盛なるも、右は多くは事実相違し、訛伝《かでん》に過ぎず、鮮人の大部分は順良なるものにつき濫《みだ》りに之を迫害し、暴行を加うる等無之様注意せられ度し」

しかし、この宣伝文の中でも「多くは事実相違し」「鮮人の大部分は」と曖昧な字句が見られ、警視庁内部でも流言を完全に否定できなかったことが推察できる。

このような警視庁の警告は、異常な精神状態にある自警団員等にはなんの力もなかった。

その宣伝ビラが出た日の夕刻には船橋送信所から全国各地に、

「船橋送信所襲撃のおそれあり。至急救援頼む。騎兵一個小隊応援に来るはずなるも、未だ来らず」

という電報について翌日朝にも再び危急電が発信されている状態で、軍も官憲も朝鮮人暴動説におびえていたのだ。

警視庁では、自警団による朝鮮人虐殺事件が日増しに激化していることに狼狽し、政府と検討した結果、政府も朝鮮人暴動説は全く根拠のない流言だと断定した。そして、九月五日、次のような内閣告諭を発して民衆に警告した。

内閣告諭第二号

今次の震災に乗じ　一部不逞鮮人の妄動ありとして鮮人に対し頗《すこぶ》る不快の感を抱く者ありと聞く　鮮人の所為若し不穏に亘《わた》るに於ては速に取締の軍隊又は警察官に通告して其処置に俟《ま》つべきものなるに民衆自ら濫りに鮮人に迫害を加ふるが如きことは固《もと》より日鮮同化の根本主義に背戻《はいれい》するのみならず　又諸外国に報ぜられて決して好ましきことにあらず　事は今次の唐突にして困難なる事態に基因すと認めらるるも刻下の非常に当り克《よ》く平素の冷静を失はず慎重前後の措置を誤らず以て我国民の節制と平和の精神を発揮せむことは　本大臣の此際特に望む所にして民衆各自の切に自重を求むる次第なり

内閣総理大臣伯爵　山本権兵衛

さらにその日、関東戒厳司令官福田雅太郎大将も司令官令第二号として、
「一、自警の為団体若くは個人毎に所要の警戒方法を執りあるものは、予《あらかじ》め最寄警備隊、憲兵又は警察官に届出其指示を受くべし
二、戒厳地域内に於ける通行人に対する誰何《すいか》、検問は軍隊、憲兵及警察官に限り之を行ふものとす
三、軍隊、憲兵又は警察官憲より許可あるに非《あら》ざれば、地方自警団及一般人民は武器又は兇器の携帯を許さず」
と命じて、自警団等の暴行に厳重な警告を伝えた。
これらの内閣告諭、戒厳司令官令の発令によって、警視庁も流言防止の対策に本格的に乗り出した。そして、九月六日には、
「門柱、板塀等に記せる符号に就て
12a、2p、1B、Ⓚ、1m、◯、W_3、け、r、u、◎、↘、m、Ⓟ
先日来各所の門柱、板塀等に右の如き符号を記しあるを以て鮮人の不正行為の暗号ならむと、一般のもの非常に不安の念を抱き居たるところ、当庁に於て調査の結果右は中央清潔会社（糞尿処理会社）の人夫等が得意先の心覚え及便所所在地の方向、個数等の符号に用ひたるものなること判明せり」

という宣伝ビラを各警察署管内に貼りつけた。

また翌七日になると、宣伝文の内容も一層強い語調になって、流言を完全に否定する姿勢をしめしている。

「有りもせぬ事を言触《いいふ》らすと処罰されます」

「朝鮮人の狂暴や、大地震が再来する、囚人が脱監したなぞと言伝へて処罰されたものは多数あります」

このような宣伝をおこなうと同時に、警視庁では流言を流す者の検挙に努力した。

しかし、流言を信じこんだ一般人は、依然として朝鮮人来襲説におびえ、武器を携帯して通行人の検問をつづけ、朝鮮人の殺傷は全国各所でつづけられていた。

十二、列車輸送

東京府、横浜市の罹災者は、飢えと渇きに苦しめられた。政府機関も軍隊も貯蔵してあった食糧を放出したが、食糧庫の大半は焼失していたのでその量は乏しく、罹災者を救出することは出来なかった。

政府機関は、飢餓状態にあった罹災者に地方へ行くことを奨励し、また罹災者たちも故郷や身寄りを求めて災害地からはなれることを希望した。そして、唯一の輸送機関である鉄道に殺到した。

しかし、震火災で鉄道路線とその施設は、徹底的に破壊され焼失してしまっていた。

東海道線は、根府川駅に進入中の列車が乗客を乗せたまま線路、駅舎とともに海中に落下したのをはじめ線路は至る所で寸断され、品川駅から御殿場駅までの区間が全線不通になっていた。しかも茅ヶ崎、平塚間の馬入川鉄橋が地震で崩落していたため、全線開通の見込みは全く不明という状態だった。

それをおぎなうため九月七日から鉄道省の連絡船高麗丸、景福丸が芝浦から静岡県清水港まで罹災者の輸送を開始し、海軍省も軍艦浅間、磐手、八雲等を派して清水港に罹災者を送ることにつとめた。

その他横須賀線、熱海線、山手線は全線不通で、常磐線は三河島、亀有間、総武本線は両国橋、亀戸間、房総線は蘇我、大網間、北条線は大貫、江見間が壊滅していた。

そうした中で、東北線の被害は比較的軽微であった。

起点は上野駅だが、上野駅から日暮里駅までの間は、線路上に地震再来を恐れる者や家を焼失した群衆がひしめいていたので、列車の走行は不可能で、結局日暮里駅が発駅になった。

しかし、赤羽、川口間にかかった荒川鉄橋が二メートルも沈下して傾いていたため不通になっていた。その修復のため鉄道省は軍の出動を要請し、戒厳司令部でも近衛師団に命じて千葉の鉄道第一連隊に飛行機による連絡をとらせた。

鉄道第一連隊では上越南線の架橋作業と黒部鉄道での線路敷設演習に大半が出動していたので、兵員数は少かった。が、宮井少佐以下百二十名の将兵が赤羽駅に急行し、さらに五十名の増援を得て復旧作業に着手した。その結果、九月四日午前十時三十分から上り線のみが運行可能になり、さらに翌早朝には下り線も開通した。しかし、荒川鉄橋の線路は波打っている上にくねっていたので、列車は徐行して鉄橋を通過しなければならぬ状態だった。

この東北線の開通によって、北への輸送路は開かれ、さらに関西方面へは信越線の篠ノ井駅から中央線に乗りかえて旅客を輸送することができるようになった。

九月三日、鉄道省は一般避難民の列車輸送を無賃にすると発表し、翌日から実施した。また東北線、信越線の始発駅である日暮里駅の混雑が甚だしいので、それを緩和するため東北線の始発駅を田端駅に変更するという処置もとった。そして、翌日には、各駅に、

「一、汽車に依れば、各地方どこでも無賃で行かれます
二、東北本線は、田端駅から
三、信越線は、日暮里駅から
四、関西方面には、信越線篠ノ井から中央線経由で行かれます」

という内容を記したポスターを掲示した。

災害地は食糧が乏しく、自警団による朝鮮人及び日本人、中国人に対する殺害事件が続発していたので、政府は食糧事情の緩和と治安恢復のため一刻も早く罹災民を地方に分散させたかったのだ。

しかし、鉄道の輸送力は乏しく、罹災民を地方へ大移動させることはほとんど不可能に近かった。

そうした状況の中で、地方からは逆に東京、横浜の災害地に列車でやってくる者が多

かった。それらは、被災した親戚や知人等を見舞う者が大半であったが、中には災害地を興味本位で訪れる者や、宮城を守護するなどと称して武器をたずさえて集団でやってくる者もいた。

これらの者が多数災害地に入りこむと、食糧事情はさらに悪化し、治安の恢復にも重大な支障となるので、戒厳司令部は、公務を帯びた者、食糧を豊かに持参し、しかも災害地に家族を持ち、この救護におもむく必要ある者以外は絶対に災害地へ入ることを禁ずると発表した。そして、鉄道省でもその指令にしたがって地方各市町村の駅に左のような通達を発した。

大正十二年九月三日

一、左のポスターを車寄、大広間等最も見易き個所に掲出せられたし

震災地旅行に就ての御注意

情報に依れば東京横浜方面は非常の混雑で、且食糧も欠乏のため各地方より救援をして居る状態でありますから、震災地方へお出の方は以上の状態を御考慮の上此際「ともかくも行つて見よう」位の御旅行はお止め願ひたいと存じます。

二、東京市に戒厳令が布かれ、左記三項に該当するものと検査官に於て認定する者以外は、絶対に入京せしめずと云ふ最近の情報があつたから、客扱上御注意して頂き

たい。

尚、前項掲示の外に左記文案に依り併掲せられたい。

再び東京行旅客に御注意
最近の情報に依れば、東京市に戒厳令が布かれ、左記三項に該当する旅客以外は絶対に入京せしめざる由。

記
一、公務を帯びる者
一、自ら多量の食糧品を携帯する者
一、東京市内に家族を有し帰宅を必要とする者。

このような警告を発して、軍隊、警官も各駅に協力して災害地へおもむくことを阻止することにつとめたが、その効果は少く、むしろ上京する旅客の数は日を追うて増加する傾向をしめしていた。

鉄道省はその対策に悩み、上り列車の本数を少くすることまで考えたが、列車は東京に到着後下り列車として罹災者を地方に輸送する任務につくのでそれも出来ない。種々検討の末、上りの長距離列車の半数を空車として東京に回送する案を採択し、九月九日から実施して、ようやく災害地への地方の人々の流入を減少させることができた。

平時は旅行者が少く鉄道車輛もそれをみたす数しかそなえられていなかったが、さらに震火災で焼失・破壊したものも多かったので、ようやく開通した路線でも運行できる列車はわずかであった。

開通直後は十本足らずで、その後も数本増加したにすぎない。その乏しい列車数で九月末までに約二百万人が輸送されたのである。

震災後、東北線、信越線の開通を知った罹災者たちは、災害地からはなれたいと願って田端、日暮里両駅にむらがり集った。そして、列車が入ってくると、喚声をあげて列車に殺到した。

たちまち客車は人の体でふくれ上り、車内に身を入れることの出来ぬ者は屋根に這い上り、機関車のわずかな突起物にもすがりついた。

当然大半の者が列車に乗れず駅の内外にひしめいて次の列車の到着を待ったが、罹災者は続々と押し寄せてきて混乱は一層激しくなる一方だった。そのため列車に乗れず、二日、三日と飢えに苦しみながら駅にたむろする者が多く、殺気立ったかれらの間には争いが絶え間なく起った。

列車の周囲は喧騒をきわめ、人をひきずり降して乗る者や、乗車させまいとする者も多く怒声が飛び交っていた。そして、車内にも屋根にも身を置くことの出来なかった者たちの中には、窓枠に兵児帯で体を結びつけたり、車台の下にもぐりこんで車軸にしがみつく者もいて、駅員が危険だと言って制止しても効果はなかった。

列車は人の体でふくれ上り駅を出発するが、車内は暑熱と人いきれにみち、人々は身動きもできない。火傷を負った者も多く、中には精神錯乱を起しているらしく腐臭を放つ子供の死骸を背にくくりつけている女もいた。

便所へ行くことなど出来ず、人々は車内で排泄するので床は汚物にまみれていた。

それでも車内にいる者は、恵まれていた。屋根や窓にぶら下っていた者たちの中には、機関車の煙突から吐き出される煤煙と火の粉を浴びて意識を失い顚落する者も多かった。事実大宮駅で窒息死した罹災民が発見されたし、赤羽鉄橋から河中に落ちた者もいた。

また浦和駅附近では、跨線橋、信号機、電線等にふれて死んだ者が十二名にも達した。

殊に信越線碓氷峠のトンネル内では、列車が通過するたびに顚落事故が起った。急勾配のトンネルを進むうちに、屋根に乗っていた者たちが煤煙と火の粉に包まれて窒息し、ころがり落ちるのだ。そのためトンネル内にはそれらの死体が累々と横たわっていた。

このような悲惨な列車輸送によって、罹災者は続々と地方へ散っていったが、それは同時に朝鮮人に関する流言を全国に流布することにもなった。

かれらは、朝鮮人来襲の流言をかたく信じこんでいて地方の者たちに昂奮した口調で伝える。事実を知らぬのにあたかも朝鮮人の暴動を目撃したかのように装って話す者や、故意に誇張して説いて廻る者もいて、地方の者たちを戦慄させた。

自然に地方の各所では自警団に類する組織が結成されて、朝鮮人を迫害する事件が全国的に発生するようになった。

殊に埼玉県下では、そのような流言を抑止しなければならぬ立場にある県当局の言動によって朝鮮人殺害事件が続発した。

九月二日、東京方面から流れこんできた避難民の口から朝鮮人襲来説がひろがりはじめたが、その日、県内務部長名で通牒《つうちょう》が県下の各町村役場へ通達された。それは、

「東京に於ける震災に乗じ暴行を為したる不逞鮮人多数が川口方面より或は本県に入り来るやも知れず、又其間過激思想を有する徒之に和し、以て彼等の目的を達成せんとする趣聞き及び漸次其毒手を揮はんとする虞《おそれ》有之候。就ては此際警察力微力であるから町村当局者は、在郷軍人分会、消防手、青年団員等と一致協力して其警戒に任じ、一朝有事の場合には速かに適当の方策を講ずるよう至急相当手配相成度き旨其筋の来牒により此段移牒に及び候也」

という内容であった。

この通牒は、県当局が流言を事実と断定したことを意味していた。また凶徒化するおそれのある自警団の編成を奨励し、一朝有事の場合には速かに「適当の方策を講ず」べしと命令したことは、朝鮮人を殺傷してもよいと解釈された。

これによって一般県民も流言を事実と信じ恐怖は一層つのった。そして、県当局の命

令に従って各町村では自警団が組織され、団員は凶器を手に行動するようになった。

またこの通牒は、内務部長が警察部長と合議の末発せられたものであったので、県下各警察署も自警団とともに殺害事件に加担するという結果をひき起した。

しかし、自警団の過激な行動は、やがて警察に大きな不安をあたえるようになった。自警団員は日本刀などを手に通行人を厳しく検問し、警察官にも威嚇するような態度をとる。また県警察部内でも自警団に対して警戒の念をいだくようになり、朝鮮人すべてが危険であるはずはないという反省もあって、善良な朝鮮人を自警団の手から守るために群馬県下に移送することに決定した。警察部では、自警団の編成をうながしながら、その強大な組織に畏怖を感じたのだ。

しかし、その移送は、無思慮な危険きわまりない行為であった。かれらを移送することは、各警察署内に閉じこめていた多くの朝鮮人を凶徒化した自警団員たちの面前にさらすことにもなったのだ。

まず事件は、九月四日夕刻埼玉県大里郡熊谷町で起った。

県警察部では、数十名の朝鮮人を貨物自動車数台に分乗させ警察官附添のもとに出発し、中仙道を走って熊谷町に近づいた。そして、同町八丁地に入った時、街道筋を警戒していた自警団員らが凶器を手に駈け集ってきて、貨物自動車を停止させた。かれらは、朝鮮人の暴徒が貨物自動車で来襲したと錯覚したのだ。

警察官は事情を説明したが、自警団は激昂してその言葉をきき入れず、警察官もその勢いに恐れをなしてひるんだ。

朝鮮人の中に身の危険を感じて逃げようと企てた者がいたので、群衆の昂奮はたかまり一斉に朝鮮人を襲った。朝鮮人たちは必死になって町内に逃げこんだため、数千名の群衆が凶器をたずさえて夜の闇の中を走り廻った。そして、その翌日の夜明けまでに約四十名の朝鮮人を殺害してしまったのである。

それと同時刻頃、児玉郡神保原《じんぼはら》村でも同じ様に貨物自動車で移送中の朝鮮人を自警団が襲い、二十六名を殺害した。

この両事件を発端として、その後各地の自警団員らの集団暴行はさらに激化して官憲にも反抗し、警察署を襲って収容されていた朝鮮人を殺害する事件も続発するようになった。

九月四日午後八時すぎ、埼玉県警察部では朝鮮人十数名を貨物自動車に乗せて送り出し、さらに二台の貨物自動車で数十名の朝鮮人を群馬県内に向かって出発させた。貨物自動車には、自警団の検問を通過できるように「埼玉県警察部」と書き記した旗をかかげていた。

後発の二台の貨物自動車は途中本庄警察署に到着したが、先発の貨物自動車は群馬県多野郡新町の自警団にさえぎられて群馬県内に入ることが出来ず、本庄警察署に避難してきた。

これら三台の貨物自動車に朝鮮人多数が乗っているのを目撃した住民たちの中から、

「朝鮮人の来襲だ」

と叫ぶ者がいて、それはたちまち人の口から口に伝わった。

自警団では、団員を鐘楼に駈け上らせ警鐘を乱打させた。

夜の町に鐘の音がひびき、それを耳にした他の鐘楼でも鐘がたたかれ、本庄町とその周辺は騒然となった。そして、女子供はかたく戸をしめて家に閉じこもり、男たちは提灯を手に日本刀、シャベル、鳶口、鉄棒をもって本庄警察署附近に集ってきた。

群衆は急激に増加してその数は三千名にも達し、警察署の周囲は、提灯の灯でうずまった。

かれらは、口々に、

「朝鮮人を出せ」

と、警察署員に向かって連呼し、狼狽する署員の制止をふりきって署内に乱入した。そして、貨物自動車で移送途中の朝鮮人が収容されている演武場その他に殺到した。

群衆は、翌五日朝までに建物を鳶口等で破壊し、朝鮮人三十三名をとらえると、熊手、日本刀、鉈、鳶口、長槍等で殺害した。

警察の非力を知った群衆は、自警団員を中心に一層凶暴化した。すでに本庄町とその

周辺は無法地帯になっていて、煽動者は、バンザイ、バンザイと叫び、凶器を手に、

「やっちまえ、やっちまえ」

と、町の所々に集る群衆に声をかけて歩いた。

翌六日午後、本庄警察署長村磯重蔵が帰署してきたことを知った煽動者たちは、日頃から署長に反感をいだいていたので、群衆に、

「署長を殺してしまえ」

と、説いて歩いた。

群衆もこれに応じて警察署周辺に集り出し、夜に入った頃にはその数も数千名にふくれ上った。

煽動者たちは、署長を殺し警察に放火せよと叫び、遂に午後八時頃署内に喚声をあげてなだれこんだ。

署長はその間に逃れたが、煽動者たちは、日本刀、シャベルをふりかざして署員をおどし、署内を荒し廻った。

警察では軍隊の派遣を乞い、それによってようやく鎮圧することが出来た。

これと同様の事件が大里郡寄居町にも起ったが、埼玉県下の騒擾は隣接県の群馬県にも波及し、さらに大きな事件をひき起した。

群馬県多野郡藤岡町では、九月二日頃から早くも朝鮮人来襲の流言が、東京方面から

の避難者の口から伝わりはじめていた。そしてその日、同郡鬼石町の自警団員が不審な朝鮮人一名をとらえて藤岡町の藤岡警察署に連行した。

警察では、その朝鮮人を検束して厳重な取調べをおこなったが、かれには自警団員の訴えるような不穏な点は全く見られなかったので、五日に釈放した。

が、その頃藤岡町の空気は極度に険悪なものになっていた。それは前日に埼玉県本庄町等で起った朝鮮人殺害事件の発生が伝わってきたためであった。しかもその報せは、朝鮮人が貨物自動車で本庄町等に来襲した結果起ったものであるとして伝えられたので、町民の恐怖はたかまり、夜も自警団が交代で検問と警戒をつづけていた。

その頃、内務省から朝鮮人来襲説は根拠のない流言にすぎないという指示があって、県警察部では朝鮮人の保護に手をつけはじめていた。

そして、藤岡警察署でも警察部からの指令で五日早朝に朝鮮人労働者ら十七名を署内に収容し、震災後の行動を取調べていた。

藤岡町では、それら朝鮮人が警察に検束されたことを知って不穏な空気がたかまった。そして、日没頃から自警団員らが、竹槍、棍棒、鳶口、日本刀、手槍、猟銃等をたずさえて各所に集りはじめ、警察に向かって動きはじめた。人の流れは他の流れと合流し、日が没した頃には、警察の周囲に群衆がひしめいていた。

自警団員は群衆とともに気勢をあげ喧騒をきわめたので、勤務中の巡査部長が五名の

署員とともに応接した。これに対して自警団員数名が、

「九月二日に、われわれ自警団が不逞朝鮮人をとらえて警察に渡したのに、警察ではろくに調べもせず釈放したのはどういうわけだ。このように朝鮮人の来襲が各地で起っている時に、釈放するなどとは論外だ」

と、激しくなじった。

巡査部長は、

「不審な点が全くないことがわかったので釈放したのだ」

と答えたが、自警団員らは承服せず、警官に荒い言葉を浴びせかけはじめた。

群衆も曖昧な警察側の回答に憤激し、

「今、鮮人をどこにかくしている。逃がしたのだろう。嘘をつくとただではすまさないぞ」

と威嚇し、さらに署内にいる朝鮮人を引渡せと要求した。

提灯の灯はさらに増して、凶器を手にした群衆の数は五、六百名に達し、かれらは口々に朝鮮人を引渡せと叫んだ。

「やっつけろ、やっつけろ」

と煽動する声に、自警団員と群衆は警察署内に乱入した。そして、留置場の板塀をこわし、場内になだれこんだ。

かれらは狂ったように看守巡査や警官を殴打し突き倒し署内を荒し廻った。そして、

「署長を出せ」

「朝鮮人をかばう警察は、社会主義だ」

「朝鮮人をにがした警察官は殺してしまえ」

と、口々に叫び、遂に留置場から朝鮮人十七名中十六名を引きずり出して殺害してしまった。

さらに翌日の夜にも、約千名の群衆が押しかけて投石の後署内になだれこみ、重要書類を場外に持ち出して焼却し、署長官舎にも乱入して家財を叩きこわした。そして、その日収容していた朝鮮人一名を路上にひきずり出して殺害した。

この間、署員は群衆の慰撫につとめたが、暴徒化した群衆を制圧することが出来ず殺害事件を傍観する形になった。

これらの事件は、埼玉県当局の発した通牒でもあきらかなように、官憲側が流言を事実と信じて民衆に伝えたために起った混乱で、騒擾を好む一部の者に煽動された群衆が暴徒集団にふくれあがったのだ。そして警察もそれらを鎮圧することが出来ず、逆に襲撃の対象になったのである。

これら埼玉県をはじめ各県に対しては、九月三日に内務省から朝鮮人殺害に狂奔する自警団の解散を命ずるとともに、朝鮮人来襲説が根拠のないものであるという通達が発

せられた。

また九月六日には、関東戒厳司令部から関東各県に左のような命令が伝えられ、各県当局もビラ等で県民に伝達した。

「　注意
一、朝鮮人に対し、其性質の善悪に拘《かかわ》らず、無法の待遇をなすことは絶対に慎め、等しく我同胞なることを忘れるな。
二、総ての鮮人が悪い企てをして居る様に思ふは大まちがひである。こんな噂にあやまられて、之に暴行を加へたりして、自ら罪人となるな。一二の悪者の謀《はかりごと》に、煽動《おだて》に乗せられる様な馬鹿な目に遇ふな。
関東戒厳司令部　」

このような指令によって、ようやく朝鮮人殺害事件も下火になった。

政府と軍部から朝鮮人来襲説が事実無根であると訂正発表されたが、一般庶民には容易に滲透せず、殊に地方の市町村では依然として混乱がつづいていた。

その異様な狂乱状態をしめす一例として、元軍人の体験談が、

「血迷へる群衆の蛮行は一生忘れぬ」

という見出しで「河北新報」に掲載されている。

それは政田政太郎（当時三十五歳）という予備陸軍歩兵伍長の談話記事で、かれは神田区錦町三丁目で大地震に遭遇した。

かれは、妊娠中の妻と三人の子供を連れて広場に避難したが、官服と軍隊手帳を忘れたことに気づいて家に引返した。そして広場にもどったが火勢が強く危険なので、家族とともに山の手方面に逃げ、世田谷の知人宅に身を寄せた。

その家へ仙台市に住む知人の義兄が、見舞いに来た。

政田は、知人の義兄と話し合ううちに、仙台にキャンドル社という蠟燭を製造している会社のあることを知った。

地震発生後電気が杜絶したので蠟燭が専ら使用されていたが、商品はたちまち底をついて一本一銭の太い蠟燭が二十銭にも暴騰していた。

政田は、五十円を所持していたので、仙台におもむいて多量の蠟燭を購入し、東京に引返してそれを安価に提供しようと思い立った。

かれは、田端駅から超満員の東北線列車に辛うじて乗りこむことができた。

列車は緩い速度で進み、日没後ようやく福島県白河駅についた。かれは、二食分の握飯を持ってきていたので、一食分を食べたが飲む水もない。激しい渇きにたえられなくなったので、泉崎駅に列車がつくと窓から首を出してフォームにいる駅員に、

「水をくれ」

と、頼んだ。

駅員は、

「駅長室にある」

と答えたので、かれは下車し駅長室に行った。

駅長室周辺には自警団員が竹槍等を手に警戒していたが、政田の顔をみると、

「朝鮮人だ」

と、叫んだ。

その声にあたりは騒然となって、顔色を変えた自警団員らが群衆とともに駈け集ってきた。

政田は、愕然として立ちすくんだ。

自警団員は、住所、姓名を名乗れと叫び、どこに行くのかと追及する。仙台に行くと答えると、

「怪しい。朝鮮人だ」

と、怒声をあげた。

政田は必死に抗弁したがききいれられず、自警団員の中には竹槍を擬する者も出てきたので、かれは憤然として、

「自分は、帝国軍人だ。軍人を殺害してもよいのか」

と、言った。

しかし、その抗議はなんの効果もなかった。その沿線一帯には、朝鮮人が在郷軍人の服を着て東京から地方に向かっているという風説がしきりだったのだ。

「嘘をつけ、殺してしまえ」

という叫び声があがると、自警団員が襲いかかってきた。

かれは、暴行を受けながら駈けつけた警官に助けを求めた。そして、

「厳重に取調べてくれ」

と、頼んだ。

自警団員らは、

「警官、だまされるな」

と叫んで、政田のかかえている握飯を入れた包みを指さし、

「こ奴は、爆弾を持っている」

などと言った。

結局、政田は警察に連行されて取調べを受け、嫌疑もはれて、ようやく深夜の列車に乗ることが出来た。

しかし、泉崎駅の自警団員から各駅の自警団に政田のことが伝えられていて、かれは途中何度も厳しい訊問を受け、辛うじて仙台にたどりつくことが出来たのだ。

政田のような体験をした者は数知れないが、惨殺された例も少くない。

福島県白河町金屋町に住む鈴木亀次（四十六歳）は、善良な大工であった。

かれは、数年前仕事中に屋根から落ちて右手を骨折してしまった。利き腕を傷つけたかれは大工仕事も出来ず、たちまち生活は貧窮した。

妻との間に三人の子供もいたので、かれは近隣の宮田運送店（店主宮田金次郎）の使い走りなどをして辛うじて飢えをしのいでいたが、前年の五月に日給一円三十二銭で白河郵便局に雇い入れられた。

しかし、かれは正規の局員ではなく、区域外一里以上の町村に郵便物を配達する臨時雇いの別便配達請負人であった。

関東大地震後、白河町方面でも朝鮮人が来襲するという流言がしきりで人心は極度に険悪化していたが、かれは九月七日午後十時頃局の依頼を受けて小田川村に電報を配達し、家に帰って寝についた。

それから間もなく局から使いが来て、再び電報配達を依頼された。

かれは、提灯を手に夜道を急ぎ、午前二時頃西白河郡西郷村字熊倉に入った。配達先は鈴木清次郎方であったが、かれは姓名の酷似している隣家の鈴木伝次郎方の戸口に立った。そして、戸をたたき、

「電報、電報」

と、声をかけた。

鈴木伝次郎はその声に起きたが、電報を受ける心当りはなく不審に思った。かれは臆病な性格で、朝鮮人が配達人をよそおって押し入ろうとしているのだと信じ、ひそかに裏口から忍び出ると夜道を走って、朝鮮人来襲の警戒に当っていた同村の消防屯所に駈けこんだ。

伝次郎から話をきいた自警団員十数名は、鳶口を手に伝次郎方へ急いだ。戸口の前では、亀次が相変らず戸をたたいて、電報、電報と声をかけていたが、自警団員たちは後方から忍び寄って亀次を襲った。そして、亀次を鳶口で打ちすえ重傷を負わせた。

やがて提灯の灯で配達人の鈴木亀次であることが判明し、自警団から警察に届けられた。

八尾白河警察署長が白河病院長関格之助とともに現場に急行し、関が手当を加えたが、亀次は出血多量のため死亡してしまった。

また埼玉県大里郡妻沼《めぬま》町でも、同様の事件が起った。

九月五日午後三時頃、一人の男が妻沼町に隣接した長井村にあらわれた。かれは、戸差友治郎という秋田県出身の労働者で、栃木県足尾銅山から東京へ向かう途中であった。

かれは、銅山から歩きつづけてきたので疲労も激しく、夜を過す場所もないので農家の小林某方におもむき、泊らせて欲しいと頼みこんだ。

小林は、夜ならば不思議はないが昼間から一夜の宿を乞う戸差に疑惑をいだいた。そして、戸差を観察すると、その言葉に妙な訛りがあってよく理解できない。

小林は、即座にかれを朝鮮人だと思った。そして、理由をつけてかれの懇願をことわり、かれが家の戸口から去ると、近隣の者に朝鮮人があらわれたと告げし廻った。

その報告を受けた村の自警団では、ただちに警鐘を打ち鳴らした。そのため、村の男たちが、日本刀、竹槍、鳶口、棍棒等を手に集り、戸差友治郎を追った。

戸差は驚いて逃げ廻ったが、小林某方から約六百メートルはなれた県道で村民たちに包囲され、暴行を受けた。

かれは、傷つきながらも朝鮮人ではないと必死に弁解した。そのため村人たちは、妻沼町の巡査部長派出所に連行した。騒ぎをききつけた群衆の数が増し、同派出所の廻りに集った。

巡査部長は戸差を訊問したが、かれが秋田県人であることを知ったので、派出所の机の上に立つと、数百名の群衆に向かって戸差がまちがいなく秋田県人であると説明した。

死の恐怖に襲われていた戸差友治郎は、巡査部長の言葉に喜んで、思わず両手をあげて、と、叫んだ。

殺気立っていた群衆は、この戸差の態度に反感をいだいた。そして、

「バンザイとは何事だ。生意気だ、殺してしまえ」

と、怒声をあげた。

かれらは、戸差を派出所から引きずり出すと、凶器をたたきつけて殺害してしまった。そして、その遺体を空俵に包み利根川の畔に運ぶと川の中に投げこんだ。(「関東大震災の治安回顧」より)

日本人と承知していながら殺害してしまったのである。

朝鮮人来襲説は、横浜市内で発生し、それは強風にあおられた野火のように東京府から地方の市町村へすさまじい速度でひろがった。それは、政府、軍部、警察関係者にも信じこまれて各種の通達等によって裏づけられたため、庶民はその流言を事実と思いこみ、朝鮮人をはじめ日本人、中国人の虐殺事件をひき起した。

その後、政府は朝鮮人に関する風説が全く根拠のないものであることを確認して、流言を打ち消すことにつとめ、殺害事件の発生を防止することに努力した。

しかし、大災害後の混乱で理性を失っていた庶民は、官憲の注意にも耳をかさず凶行をつづけていったのである。

責任の根源は、政府、軍部、警察関係者にあったが、同時に騒擾を好む一部日本人の残虐性が悲惨な事件を続発させたのである。

十三、新聞報道

朝鮮人来襲の流言は、唯一の報道機関である新聞によっても一層広範囲に流布される結果を生んだ。

東京市内の新聞社は壊滅していたが、地方の新聞社は朝鮮人による暴動事件を大々的に報道し、それらの新聞が焦土に化した東京、横浜にも持ちこまれていた。流言は乱れ飛んで、政府、軍、警察関係も一時はそれを信じこんでいただけに、新聞は、巷間《こうかん》に伝わる流言をそのまま記事にしていたのだ。

それらの新聞報道は、一般人に大きな影響をあたえた。かれらは、争って新聞記事を読み漁《あさ》り、流言が事実だと信じこんだ。

内務省では、大地震発生後新聞報道が人心の動揺をうながすことを恐れていた。そのため、大地震の起った九月一日に、警保局長名で通牒を発し「人心の不安を増大さるる如き風説は努めて避けられ」たいと強く要望した。

そのうちに朝鮮人来襲の流言がすさまじい勢いでひろがるに伴って、新聞も一斉に報道しはじめた。内務省は、流言の調査に全力を傾け、ようやく九月三日にそれが事実無根の風説と気づいたので、左のような警告書を新聞各社に発した。

「朝鮮人の妄動に関する風説は虚伝に亘る事極めて多く、非常の災害に依り人心昂奮の際、如斯虚説の伝播は徒《いたずら》に社会不安を増大するものなるを以て、朝鮮人に関する記事は特に慎重に御考慮の上、一切掲載せざる様御配慮相煩度、尚今後如上の記事あるに於ては発売頒布を禁止せらるる趣に候条御注意相成度」

またその日、戒厳令が東京府、神奈川県全域に拡大され、戒厳司令部は報道に対する戒厳令処置として、

「警視総監及関係地方長官並警察官は、時勢に妨害ありと認むる新聞、雑誌、広告を停止すること」

という発禁命令も出した。

「時勢に妨害ありと認むる」ものとは、流言を記事にすることと悲惨な死体写真等を掲載する行為をさしていた。

しかし、これらの発令にもかかわらず新聞には依然としてそれに類した記事が掲載され、通牒に違反した理由で都新聞が禁止処分に付せられたのをはじめ報知新聞、東京日日新聞、常総新聞、労働組合新聞、中央新聞、時事新報等がつぎつぎに新聞の差押え処

分を受けた。

政府は、さらに出版物取締り強化をはかって、九月七日には治安維持罰則勅令を公布した。その維持令には、社会不安をうながすような記事を掲載した新聞、雑誌等の発行人に対して、十年以下の懲役、禁錮、又は三千円以下の罰金に処すことが明記されていた。またその取締りを一層確実なものにするため、九月十六日には新聞、雑誌等の原稿を洩れなく検閲する命令が内務省から発せられた。

それによってようやく社会不安をうながすような記事は急減したが、地方の新聞では相変らず流言に関する記事が大々的に報道されていた。大震災によって交通機関が混乱していたので、内務省の検閲取締りの趣旨が徹底しなかったのである。

その打開策として内務省は、各地方長官に内務大臣の権限の一部を代行させ、治安維持令とその他の通達にふれる新聞、雑誌等の差押えを命じた。

これらのきびしい処置によって、朝鮮人についての流言を事実であるかのように報道する新聞記事は消え、内務省を中心におこなわれた新聞、雑誌等に対する取締りは、人心安定の上に効果があった。

そして、朝鮮人来襲説におびえて殺傷を繰り返していた自警団員らの狂暴な行為も鎮まって、世情もようやく平穏をとりもどしたのである。

大地震発生後新聞報道は、たしかに重大な過失をおかした。その朝鮮人来襲に関する記事は、庶民を恐怖におとしいれ、多くの虐殺事件の発生もうながした。その結果、記事原稿の検閲も受けねばならなくなったのだ。

しかし、それは同時に新聞の最大の存在意義である報道の自由を失うことにもつながった。記事原稿は、治安維持を乱す恐れのあるものを発表禁止にするという条項によって、内務省の手で徹底的な発禁と削除を受けた。

政府機関は、一つの有力な武器をにぎったも同然であった。政府の好ましくないと思われる事実を、記事検閲によって隠蔽《いんぺい》することも可能になったのだ。

そうした状況下で、内務省は一つの事件が世人に知られることを極度におそれていた。それは、警察と軍の失態をしめす不祥事で、良識ある庶民の激しい非難を浴びることが予測されたのだ。

事件は、九月四日に起っていた。

内務省は、大地震発生後、社会主義者が災害を利用して反政府運動を起すことに不安を感じていた。そして、かれらに対する監視を強化し、検束する行動にも出た。

また関東戒厳司令部でも、社会主義者を十分に監視し警戒するよう命令を発した。

大地震が発生した九月一日の午後三時頃には、「社会主義者及び朝鮮人の放火多し」という流言が一部の地域に流れたが、その後社会主義者に関する流言は消えた。その最大の原因は、社会主義運動が勢力も弱く、軍や内務省が恐れるほどには一般庶民の関心が薄かったからである。そして、社会主義者に対する一般人の暴行事件もほとんどなく、特別審査局資料によるとわずかに二例が見られるだけである。

その一つは、東京府の巣鴨町に起った事件で、報知新聞記者内山茂松が記事取材のため上駒込の路上を通行中、自警団にとりかこまれた。そして、一団員が「社会主義者だ」と叫んだと同時に、内山記者は団員のふるう凶器で乱打され、頭部等に重傷を負ったのである。

また茨城県真壁郡竹島村では、二十二歳の京浜中央新聞記者である清水啓三郎が全治三週間の重傷を負う事件が起った。

かれは、神奈川県鶴見に居住していたが、震災に遭ったので十九歳の妻とともに妻の実家である竹島村に避難してきた。

村人たちは、以前から清水記者が社会主義運動に同調していることを知っていて、清水が朝鮮人とともに騒擾をひき起したのではないかと疑った。そのため清水の姿を目撃した自警団員が警鐘を叩き、多数の村民が清水の妻の実家に集ってきた。

清水記者には、要注意人物として一人の警官が尾行していたが、空気が険悪になったので、警官は清水記者を保護するため近くの下館警察署に連行しようと試みた。しかし、激昂した村人たちは家の中から清水とその妻を引きずり出して暴行を加え、四時間にわたって附近を引き廻した。それによって、清水記者は血まみれになって昏倒し、妻も泥だらけになってようやく警察署に収容されたのである。

この二つの事件は一般人による傷害事件で、その事実はひろく伝えられたが、亀戸警察署内で起った大量殺害事件は、警察の要望によって出動した騎兵第十三連隊の将兵によってひき起されたものであった。

殺害されたのは、南葛飾労働組合員の平沢計七、河合義虎、鈴木直一、北島吉蔵、山岸実司、近藤弘三、加藤高寿、吉村北治、佐藤欣次と、砂町本島の自警団員である理髪業木村丈四郎ほか三名、計十三名であった。

この事件は、亀戸警察署長から警視庁に報告され、さらに内務省警保局長にも連絡された。災害時に一般人の生命財産を保護する立場にある軍と警察が十三名の市民を殺害し、しかもそれが亀戸警察署内でおこなわれたことは大問題であった。

内務省は、その事実が公けにされることを恐れて厳重な箝口《かんこう》令をしいた。

その後、殺害された者たちの安否を気づかった遺族が亀戸署を訪れると、警察側の答えは曖昧で、遺族は強い疑惑をもつようになった。また同署に検束されていた者たちの口から殺害事件が起ったという話も伝わって、内務省も警視庁もその事実をかくすことができなくなった。そのため事件が発生してから一カ月以上たった十月十日に、その内容の発表にふみきったのである。

新聞は、その事件を報道したが、内務省は記事原稿に削除をおこなった。

翌十一日の大阪毎日新聞は、この事件を左のように報じた。

「東京亀戸署が×余名を×殺した事実遂に暴露して発表さる」という見出しのもとに、「大震災の起つた際、東京亀戸署に多数労働者殺戮の惨事が強行されたが、絶対に秘密を守ると同時に、警視庁は内務省警保局と打ち合はせ、一切掲載の禁止を命じて許さなかつたところ、証拠として消すべからざる事実に対し、秘密は到底保たれ得べくもあらず、遂に十日警視庁はその事実を発表せざるを得ざるに至つた」

と、警視庁の態度を強く非難し、事件の概要を伝えている。

この事件について、警視庁は、亀戸警察署長古森繁高の談話を同時に発表した。

「九月四日午前五時、市外砂町本島の自警団員四名（理髪職木村丈四郎、鋳物業岸本久米雄、三井物産会社社員鈴木鈴之助、石炭仲買商秋山藤次郎）が、自転車で通りかかった一人の男を誰何《すいか》しているのを、現場にいた扇橋署の巡査大山吉次郎が制止すると、四名は日本刀を以て斬りかかった。

附近の者が集って一度は止めたが、其の際四名は大山巡査を滅茶苦茶に殴り、帽子も佩剣も奪ったので、応援のため駈けつけた巡査が木村ら四名を検束して当署の留置場に入れた。

ところが四名の者たちは、同じ監房内にある検束者を煽動してさらに暴行を働くため、少数の巡査では鎮撫が出来ず署の前の亀戸郵便局内に駐屯していた騎兵第十三連隊から田村少尉以下数名の兵士が来て、かれら四名を署長室裏手の広場に出した。が、四名は、傍にあった薪を以て争闘をはじめ、遂に兵士に突き殺されたものである。

まだ停電中でローソクをともしていた位であるから、真暗な中で千人以上の検束者に騒ぎ出されては収拾がつかない。本当にやむを得ない処置であった。私も、死を覚悟しており、署員を集め、最後まで努力せよと言ったくらいですから、其の当時の状態を想像していただきたい。

其の夜、たぶん十二時に近い頃だったと思う。留置場の中で、一人の男が怪しい声を立てるとそれを合図に足踏みする一団があった。それが終ると、一斉に革命歌を高唱する。それが平沢計七、河合義虎等の一団で、段々騒ぎが大きくなってきたから、再び軍隊の出動を求めた。

すると将校一名に兵士数名が来援して、かれらを留置場から出した。それから演武場左側の広場で、

『殺すのか、殺すのなら殺せ』

と、騒ぐ声がきこえた。

当時のことは詳しく知らぬが、其の場で九名が刺殺されて死体となっていたのである。ようやく騒ぎは鎮定したが、やむを得ぬ処置であったと思う。警察署の処置が悪ければ、それは一切私の責任です。

死体はいつまでも警察の構内に置くことも出来ず、演武場の右側に菰《こも》をかぶせておいたが、七日に私が高木警部に命じて人夫を雇い、大島町八木橋附近の荒川放水路附近で他の死体とともに焼棄した。その際遺族に引渡すことも考えたが、さらに考えるところもあって独断で処置をしたわけです。

かれらが騒ぎ立てた際の薪、棒切れその他は証拠物件として保存してあります。尚、平沢計七、河合義虎等を検束した理由は、南葛飾労働組合本部である河合宅で震災当時屋根の上で革命歌を高唱し、不穏の行動があり且危険と認めたからである」

また警視庁の発表についで、陸軍省も十月十一日に各新聞記者を招いて、鈴木法務官から、

「平沢を刺殺したのは、衛戍《えいじゅ》勤務令第十二条によったもので、当然の処置と認めた。その取調べは、師団側と、検事局、警視庁の協力を得ておこない、その結果適法の処置と断定したのである」

と、発表した。

しかし、その事件内容の一方的な発表は、事実と程遠いものと解された。

大地震が起った直後から、警察は社会運動に従事している者を続々と検束した。近藤憲二、浅沼稲次郎、稲村順三、北原龍雄、麻生久らをはじめ多数の者たちが、留置場に投じられた。名目は、一般民衆から社会主義者として暴行を浴びせかけられるのを防ぐ

ための保護処置で、いわばその生命を守る目的だとされていた。

しかし、事実は逆であった。

警視庁では、九月五日正力官房主事と馬場警務部長名の通牒を発した。その内容は、社会主義者の所在を確実につかみ、その動きを監視せよというものであった。

さらに十一日には正力官房主事から、社会主義者に対する監視を厳にし、公安を害する恐れがあると判断した者に対しては、容赦なく検束せよという命令を発した。

つまり保護などという性質のものではなく、強制逮捕であったのだ。

警察に連行されたかれらは、裸体にされて刑事から激しい暴行を受けた。また軍もその検束を支持し、大災害を利用してかれらに打撃をあたえることにつとめたのである。

亀戸警察署で起った殺害事件も、そのような警察と軍の態度によって必然的に起ったものであったのだ。

事件の糾明が、南葛飾労働組合の属する総同盟を中心にはじめられ、自由法曹団の弁護士たちもその運動に参加した。

かれらは、古森亀戸署長の談話について調査を進め、多くの疑点を発見した。

古森署長は、平沢らを検束した理由として、

「震災当時屋根の上で革命歌を高唱し、不穏の行動があり……」

と述べているが、その附近に住む多くの人々の証言によって、かれらがそのようなこ

とをした事実のないことがあきらかになった。つまり平沢ら九名は、他の社会運動家と同じようになんの理由もなく逮捕されたのである。

「亀戸警察署内で革命歌をうたうなど騒いだ」という談話も、その夜留置されていた者たちの証言で否定された。署内は静かで、暴動の起るような気配は全く見られなかった。また平沢らが刺殺されただけでなく首まで斬られていることが、山崎今朝弥弁護士の入手した写真であきらかにされた。

自由法曹団の弁護士たちは、政府に対して真相を糾明すべきだと訴えたが、それは無視された。政府は発表内容は事実で、戒厳令のしかれていた中でとられた当然の処置だと回答したのである。

総同盟は、批判演説会をひらいたが大衆の態度は冷ややかだった。社会主義者は共産主義者と同義語で、共産主義国のロシアに忠誠を誓い、日本の国家体制をくつがえそうとする不穏な集団と判断する傾向が強かった。わずかに新聞が、政府の曖昧な態度に批判を向けたが、それも内務省の検閲によって大幅な削除を受け、世論を喚起するまでにはいたらなかった。

つまり一般庶民は、社会主義者を危険視して、軍と警察の発表した内容を支持し、殺害もやむを得ないと判断する者が多かったのである。

十四、大杉栄事件

検閲の実施によって、軍も警視庁も亀戸警察署事件を一般の目からかくすことにつとめたが、さらに残虐な殺害行為がそのかげにひそんでいた。それは、東京渋谷憲兵分隊長兼麴町憲兵分隊長甘粕《あまかす》正彦憲兵大尉とその部下による社会主義者大杉栄、妻伊藤野枝、甥橘宗一の殺害事件であった。

事件が起ったのは九月十六日であったが、陸軍省はその事実をひたすらかくすことにつとめた。

しかし、大杉栄を監視していた警視庁は、かれが憲兵隊に連行されたまま消息を断ってしまったことをいぶかしんで、内務省に報告し、内務大臣から陸軍大臣に問い合わせてようやく警視庁も事件の内容を知ることができたのだ。

警視庁は、陸軍省の指示にしたがって大杉栄殺害事件の漏洩を防ぐことに努力していたが、やがて新聞記者によって事件の発生を探知されてしまった。

事件の内容を知ったのは、時事新報社と読売新聞社の記者で、九月二十日夕刻に号外を印刷した。

このことを早くも察した警視庁は、芥川、大谷両警部を急派して、その号外の差押えをおこなった。

警視庁から報告を受けた陸軍省は、報道機関に察知されたことに狼狽し、これ以上事実をかくすことは不可能と判断した。そしてまず九月二十日に関東戒厳司令官福田雅太郎大将を更迭して山梨半造大将を着任させ、憲兵司令官小泉六一少将、東京憲兵隊長小山介蔵憲兵大佐を停職処分として甘粕憲兵大尉とその部下を軍法会議に付すことに決定した。

と同時に、一般民衆の反応を恐れて新聞報道を厳しく抑圧する必要を感じ、内務省警保局に依頼して、

「憲兵司令官及び憲兵隊長の停職並に甘粕大尉の軍法会議に付せられたる事件の記事差止め

社会主義者の行衛不明其の他之に類する一切の記事掲載差止め」

という通牒を発令させた。

このような処置をとったが、「大杉栄殺さる」という風説は日増しにひろく流れはじめたので、陸軍省は、九月二十四日、軍法会議検察官名で、大杉栄事件に関する次のよ

うな発表をおこなった。

「陸軍憲兵大尉甘粕正彦に、左の犯罪あることを聞知し、捜査予審を終り、本日公訴を提起したり。甘粕憲兵大尉は、本月十六日夜大杉栄ほか二名の者を同行し、是を死に致したり。

右犯行の動機は、甘粕大尉が平素より社会主義者の行動を国家に有害なりと思惟しありたる折柄、今回の大震災に際し、無政府主義者の巨頭なる大杉栄等の震災後未だ整はざるに乗じ、如何なる不逞行為に出づるやも計り難きを憂ひ、自ら国家の蠹毒《とどく》を芟除《せんじょ》せむとしたるに存るが如し」

この発表は、翌日の各紙に大々的に報道されたが、内務省は、新聞各社に対して陸軍省の発表以外の記事は禁止し、検閲を一層厳しくおこなうと連絡した。

陸軍省と内務省は、新聞報道を恐れながらも、甘粕大尉の軍法会議公判が十月八日にひらかれることを発表した。公判の開催については新聞で報道することを許可したが、その内容に関することは厳重な取締りをおこなうという警告を発した。

やがて公判が開かれて事件の内容があきらかにされていったが、それは予想を越えた残忍なものであった。

甘粕大尉の陳述によると、かれは、憲兵分隊長として日頃から社会主義者を国家利益に反するものとして憎悪していた。地震発生後、多くの社会主義者が検束されたのに、巨頭である大杉栄が自由に歩き廻っているので、九月十日頃からかれの動きを追いはじめた。が、大杉の住所が淀橋方面であることを知っていただけであったので、九月十五日に部下の森慶次郎憲兵曹長（三十四歳）を淀橋署に派して、その住所を問わせた。

森憲兵曹長の応対に出たのは特高主任松元警部補で、大杉の住所を教えてくれた。そして、その折松元は、

「憲兵隊の方で大杉をやっつけてくれるといいのだが……」

と、森に言った。

森は帰隊してその旨を報告したので、甘粕憲兵大尉が私服で森と鴨志田安五郎、本多重雄両憲兵上等兵を伴い、その日の午後五時二十分頃、麹町憲兵分隊を出て淀橋警察署におもむいた。甘粕は、拳銃を携行していて、すでに大杉を殺害する意図をいだいていた。

かれは、淀橋署員の案内で大杉宅の近くに来たが、雨が降ってきたので鴨志田上等兵のみを残して帰隊した。

大杉は、その日在宅していたが、翌日内妻伊藤野枝とともに背広姿で家を出た。そして、新宿から日比谷行きの市街自動車に乗り、さらに乗合自動車に乗りついで品川まで行き電車で川崎についた。そして、野枝の先夫辻潤を訪ねたが不在であったので、実弟の大杉勇の家に行き、互いに無事であることを喜び合った。

むろんその間、鴨志田憲兵上等兵と淀橋署の刑事が大杉夫妻を尾行していた。

午後二時半頃、弟の家を辞そうとすると、妹の子である甥の橘宗一（六歳）が、

「東京の焼跡を見たい」

とせがむので、やむなく同伴した。

午後六時頃、大杉夫妻と宗一は自宅のある柏木にたどりついて附近の八百屋で果物を買った。

その頃、甘粕憲兵大尉は、部下の森曹長、本多、平井利一両憲兵上等兵を連れてその附近に張込み中で、梨を買っている大杉を発見した。

甘粕は、近づくと同行を求めた。伊藤野枝も社会主義者であったので夫妻を引き立てたが、大杉夫妻の連行されたことが子供の口からもれる恐れを感じたので宗一も同行させた。甘粕は、宗一が大杉の甥であることは知らず、その親しげな様子から実子であると思いこんでいた。

甘粕は、大杉夫妻と宗一を連れて二台の自動車で大手町の憲兵司令部におもむいた。

当時は、構内に避難民が多くいたが、私服の甘粕ら一行を不審に思う者はいなかった。

大杉栄殺害の経過については、十月八日午前八時半第一師団軍法会議公判廷でひらかれた第一回公判以後の被告の陳述によってあきらかにされた。

まず陸軍法務官小川関治郎の、被告森憲兵曹長に対して甘粕大尉の大杉に対する殺意

について知っていたかという問いに「具体的ではありませんが、大尉殿から此の際大杉をやっつけようと申渡されました」と答えてから、左のように陳述した。

「憲兵隊の裏手からわからぬ様に入ったので、私たちの帰ったことは他の同僚にも気づかれませんでした。

私は特別高等室から茶を持って来て大杉等にあたえ、夕食も出してやりましたが、大杉夫妻はすでにすんだと言って手をつけず、子供だけが食べました。

大杉は八百屋で買った梨をむいて食べはじめましたので、私は皮をむく小刀を持ってきてやろうと思って廊下に出ました。その時、甘粕大尉が私に合図をしましたので、再び部屋に入り、大尉殿が調べるからと大杉に言って、二階の応接室に連れて行きました」

甘粕大尉は、この後の経過について、

「階上応接室に行きますと、森曹長が大杉となにか話していました。私は一語も言葉を交さずにその背後に行き、大杉の咽喉に後から右手を廻して、その手で左の手首をにぎって、絞めつけました」

と、述べた。

甘粕がさらに絞めつけると、大杉は少し悶えていたが、体を半回転させて椅子から床に倒れた。

甘粕は尚も首を絞めつけていたが、大杉がもがくので眼鏡を落してしまった。かれは、傍に立っている森曹長に、

「足をおさえつけろ」

と言ったが、森は余りにも早く甘粕が殺害行為に入ったことに呆然としていて、大杉の足をおさえることもしなかった。

大杉は、十分後に息が絶えた。甘粕は、蘇生することのないように、その首に縄を絞めた。

森憲兵曹長の陳述――

「大尉殿が、だれか見ている者はいないだろうなと言われたようでありましたので、部屋の外に出て階下に降り、外から灯のついている二階の応接室を見上げたりしました。だれもいないので、再び応接室にもどってみますと、大尉殿は、すでに大杉の首に縄を巻いておられました。

私が、もう生き返りませんかとききますと、舌を出しているから大丈夫だと申されました。大杉は、口から血を吐いていました」

死亡時刻は午後八時二十分頃で、首を絞められている間苦しげにもがいたが、声を発することはなかった。

その間、伊藤野枝と宗一は二階の元憲兵隊長室に、犯行のおこなわれたことも知らず

椅子に坐っていた。

甘粕と森は、大杉の死体を応接室に放置して、階下の分隊事務室に行った。

森は、甘粕にウイスキーをコップに注いで持っていったが、甘粕は口をつけなかった。

二人は、残った伊藤野枝と大杉の甥宗一の処置について話し合った。

森憲兵曹長の陳述――

「大尉殿は、こうなったからには野枝も子供もヤラナケレバならぬが、子供は気の毒だから誰か養い手はあるまいかと申されました。私は、養い手があるなら結構なことだが、社会主義者の子などもらう者はいないでしょうと申しました。

大尉殿は、それなら避難民で混雑している上野の山にでも連れて行ってマイテしまおうかと申されました。

私は、野枝と子供に大杉はおそくなるから帰れと言って帰しましょうと申しましたが、大杉を殺したことが野枝の口からもれてはまずいということになり、帰すわけにもゆくまいという結論に達しました」

午後九時十五分頃、甘粕大尉は森曹長と二階の隊長室に行った。

伊藤野枝は机に肘をついて椅子に腰かけ、宗一と話をしていた。

甘粕憲兵大尉の陳述――

「私は、室内を歩きながら野枝に対して、戒厳令などをしいて馬鹿な真似をしていると思っているのであろうと言いますと、野枝は、笑いながらなにも答えませんでした。そこで私は重ねて、おれたち憲兵は兵隊であって警察官だが、君たちから見れば一番嫌な人間で、馬鹿に見えるだろうと言いますと、野枝は、まるで今の時代は兵隊さんでなければ価値がないように言うじゃありませんか、と冷笑しながら机に頬杖をつきました。その態度がいかにも人を侮辱したように見えましたので、私の殺意はここで一層かたくなりました。

私は、君等は今よりも一層世の中が混乱状態におちいるのを希望しているのだろう、そしてこれをまた材料にして原稿を書けば、よく売れて結構だろうと申しますと、すでに二、三の本屋から註文が来ています、ともかくあなた方とは立場がちがうのですから、と笑いながら答えました。

私は、野枝が世の中の混乱を好んでいるように見受けましたので、もう我慢することができなくなりました。そして、子供を隣室に連れて行って戸を閉め、再び部屋に引返しました。

私は、壁に近い椅子に坐っている野枝の右横に廻ると、大杉を絞殺したと同じ方法で首を絞めました。野枝は二、三回ウーウーという声を出し、私の左手首を掻きむしりましたが、約十分ぐらいで絶命しました。私は、細引を首に巻きつけて絞め、その場に倒しておきました。

部屋の中には森曹長もおりましたが、何も手伝いはいたしませんでした」

甘粕憲兵大尉と森憲兵曹長の陳述は、法務官をはじめ報道関係者、一般傍聴人に大きな衝撃をあたえた。さらけ出された事実の前には、陸軍省、内務省の隠蔽主義も全く無力なものになっていた。

九月二十四日の陸軍省発表では「大杉栄ほか二名の者を……死に致したり」とされていたが「ほか二名」とは伊藤野枝と甥橘宗一であることは明白になった。

わずか六歳の宗一を甘粕大尉らが殺害したという事実は、亀戸事件で冷ややかな反応しか見せなかった大衆もその残忍さに戦慄した。そして、報道機関も一斉に激しい批判を浴びせかけ、時事新報は「陸軍の大汚辱」と書き、東京日日新聞は「軍人の敵 人道の賊」と非難した。

……公判は、橘宗一殺害の審理に入った。

甘粕大尉は、橘宗一殺害について検察官の予審聴取で左のように答えている。

「子供(宗一)は、淀橋警察署から自動車で麴町憲兵分隊にくる途中から私になじみ、分隊にきてからもつきまといますので、だれか引取って教育してやる者はないかと冗談のように分隊の者に言ったくらいです。伊藤野枝を絞殺する前は、私は、子供を隊長室の隣の部屋に入れて戸をしめ、一寸待っておれと言い置きました。

子供は、隣室で騒いでおりましたから、伊藤野枝を絞殺すると、ただちに隣室に行き、手で子供の咽喉を絞めて倒し、その後細引を首に巻きつけておきました。絞殺する際、子供は声を発しませんでした」

と、述べた。

しかし、甘粕大尉と行動を共にした森慶次郎憲兵曹長の予審供述では、早くも甘粕の供述との相違点があらわれていた。

森憲兵曹長の供述――

「……結局子供も殺すことに意見がまとまり、甘粕大尉殿が、子供はお前がヤフぬかと申されました。私は、イヤですと答え高等係室へもどりました。しばらくして甘粕大尉に呼ばれ分隊事務室に行きますと、大尉は、ああしておいても困るから、だれか上等兵にやらせる者はないかと言われましたので、私は鴨志田上等兵はどうでしょうと申しました。

大尉殿は、それでは鴨志田を呼んでこいと言われましたので、私はだれかに呼ばせました。鴨志田は、二、三十分ほどたってからきましたので、分隊事務室の入口で、お前どうしていたのだ、眠っていたのかと申し、寝台の所にゆき腰をかけて、

『お前、子供をヤラないか』

と、申しましたら、鴨志田は、

『はあ』

と、ニヤニヤ笑っていました」

森曹長の供述では、殺害者は鴨志田上等兵ということになり、甘粕大尉が鴨志田に命令をくだしたのだとも推定できた。

第一回公判では、この疑問を解くことに審理が集中した。

裁判官の小川関治郎陸軍法務官は、甘粕大尉が宗一を殺害したという予審の供述に疑いをいだいた。小川は、おそらく甘粕大尉が部下に命じて宗一を絞殺させたのではないかと推測した。そのため小川は、甘粕大尉に宗一を殺した折の状況について質問した。

これに対して甘粕大尉は、

「子供が隣室で騒いでおりましたので、部屋に入って無意識に殺しました。その方法は、記憶していません。たぶん大杉と伊藤野枝を殺した方法と同じであったと思います」

と、曖昧な答え方をした。

甘粕大尉には、四名の弁護士がついていた。弁護団は、甘粕が子供を絞殺せぬことを立証しようとし、弁護団を代表して塚崎弁護士が甘粕の訊問に立った。

塚崎弁護士――

「被告は、日頃から子供を可愛がる性格だという話をきいておりますが、どのような理由で愛するのですか」

甘粕大尉――

「私は、子供を持った経験はありませんが、生れつき無邪気な者を愛します。従って、子供もよくなつきます」

「宗一を憲兵分隊に連れてきてから菓子をあたえたとのことですが、それはどのような菓子ですか」

「それは、隊にあったものを私が食べずにおいてあったもので、可哀相ですからそれをあたえたのであります」

塚崎弁護士は、甘粕大尉が子供好きであることを印象づけることにつとめ、殺害したという供述を信用するわけにはゆかぬと申し立てた。おそらく甘粕大尉は、部下の罪を背負うため偽りの供述をしているのにちがいないと強調した。

また塚崎は、甘粕大尉に対して、軍法会議は天皇陛下の名に於ておこなわれる神聖なものであり、個人的な情実は排して事実を明白に述べるのが軍人の義務であるとさとし、

「あなたの母上は、あの子にかぎって子供を殺すようなことはしないと言っておられ、真実を申し述べるよう伝えて下さいと、涙を流して頼まれた。あなたが部下をかばおうとする美しい気持はよくわかるが、陛下の名に於ておこなわれる軍法会議で偽りを言うべきではない」

と、強い語調で訴えた。

被告席にいる甘粕大尉は、塚崎の言葉に大きく動揺したらしく、顔を伏すと涙を流し

ていた。が、かれは、

「度々申し上げた通り、私がまちがいなく子供を殺したのであります」

と、それまでの供述を繰り返した。

しかし、弁護団の追及は激しく、糸山弁護士が立つと、

「憲兵大尉という高等官にあるものが、罪のない子供を殺害したということになれば、あなた自身の不名誉であるばかりでなく、帝国陸軍将校全体の名誉にもかかわることを十分に知る必要がある」

と、さとした。

甘粕大尉は、深く頭をたれて口をつぐみつづけていた。

弁護団は、十分間の休憩を要求し、その間に甘粕大尉の熟考をもとめた。

十分後、公判は再開された。

小川裁判官が、

「再考したか」

と、質問すると、甘粕大尉は、

「陛下の御名のもとにひらかれている軍法会議であるというお言葉に、これ以上嘘を申し上げることはできません。私は、部下に罪を負わせるのに忍びず、偽りを申し立ててきました。事実を申し上げます。私は、大杉栄と伊藤野枝を殺しましたが、子供は殺し

ません。子供の死体が菰に包まれているのを見て、初めてその死を知ったのでありま す」

と、泣きながら答えた。

法廷は、新たな自供によって俄《にわ》かに緊張した。

小川裁判官は、しきりにうなずきながら、

「それでは、だれが殺したのか」

と、追及した。

しかし、甘粕大尉は、

「私は、知りません」

と、答えた。

「事件の経過から考えて、被告が知らぬわけはないと思うが」

「私は、全く知りません。だれがやったのか、本当になにも知らないのでありキす」

甘粕は、否認しつづけた。

困惑した小川法務官は、森憲兵曹長に起立を命じ、

「お前は、だれが殺したのか知っているであろう」

と問うたが、森も、

「知りません。だれが殺したのか全く存じません」

と、はっきりした口調で答えた。

裁判の進行は、大きな疑惑をはらみながらも二人の被告の否認によって頓挫《とんざ》した。そして、裁判長判士である第一連隊長岩倉正雄歩兵大佐は、これ以上の審理は困難と判断して閉廷を宣し、第二回公判を十日後の十月十八日にひらく予定であることを告げた。

十五、大杉事件と軍法会議

甘粕憲兵大尉を中心とした憲兵隊員が、大杉栄、伊藤野枝、橘宗一を殺害した行為は、世の非難をまき起した。

陸軍当局は、初めその事実をかくすことにつとめたが、それが不可能であることをさとって甘粕大尉と森曹長を被告として軍法会議に付し、国民の批判を仰ぐことを余儀なくされた。

陸軍は、大杉栄ら三名の殺害事件が甘粕大尉らの個人的な行為で、陸軍とは全く関係のないことを強調していた。と、同時に、甘粕大尉の行動が、単なる殺人事件とは根本的に異なることも国民に訴えた。

陸軍当局は、甘粕大尉の人格を賞めたたえることを繰り返していた。甘粕は、古武士の風格をもつ典型的な武人であり、その犯行の動機も、憂国の念から出たものであるというのだ。

甘粕は、国家利益に反する社会主義者を憎み、殊に関東大震災に乗じて大杉栄が社会混乱をあおることを深く憂えていた。そのような考えから、大杉ら三名を殺害するに至ったとして、陸軍当局は、

「甘粕は、個人的な恨みや私利私欲のために殺害事件を起したのではない。あくまでもかれは、軍人として国家のためを思い大杉らを殺したのである」

と、訴えた。

このような陸軍当局の態度に、当然反撥の声が一斉にあがった。文芸評論家内田魯庵をはじめ多くの知識人は堂々と陸軍を批判し、また新聞も甘粕大尉と陸軍当局を非難して、激しい論調を掲載した。そして、一般庶民も、六歳の男児を殺害した甘粕大尉の行為を同情の余地のない非人間的なものとして非難していた。

しかし、一方では、陸軍当局の解釈を支持して甘粕の行為を容認する動きも起っていた。それらは、社会主義者を激しく憎悪する集団のみではなく一般大衆もふくめたもので、かれらには、甘粕を愛国者としてその行為を賞讃する傾向すらあった。

かれらは、甘粕大尉らが社会主義者大杉栄と伊藤野枝以外に、いたいけな六歳の男児を殺したのも、ゆきがかり上やむを得ない行為だと同情し、甘粕を一般の殺人犯と同列にあつかうべきではないと主張した。

かれらの間には、いつの間にか甘粕大尉助命運動がもり上り、軍法会議に提出する嘆

願書の署名までおこなわれるようになっていた。

　また甘粕大尉の弁護団は、小川関治郎陸軍法務官を裁判官として不適当だと訴え、全員一致して忌避した。その理由は、小川法務官が被害者大杉栄と同郷でしかも遠い縁戚にあたり、甘粕大尉に不利な裁判の進行をおこなう恐れがあるというのだ。

　軍法会議を担当している第一師団の石光師団長は、この訴えを小川法務官に伝え、小川も自ら辞任を申し出た。そのため、大阪第四師団の告森法務官が新たに裁判官に任命された。

　橘宗一殺しを否認した甘粕大尉の陳述は、世の関心を強くひいた。新聞は、実際に手を下した者がだれであるかと書き立て、人々は第二回公判のひらかれるのを注目して待った。

　しかし、第一回公判のおこなわれた翌日、甘粕大尉の部下である憲兵伍長平井利一、同上等兵鴨志田安五郎、同本多重雄の三名が、軍法会議の検察官である第一師団法務部長山田喬三郎のもとに自首してきた。

　かれらは、宗一殺しに関係していて、殊に鴨志田上等兵は直接の殺害者であるという。かれは、第一回公判で甘粕大尉が自ら宗一を殺したのではないと陳述したのを耳にして、憲兵司令部と相談の末、自首したのである。

鴨志田上等兵の自首内容——

「私は、大杉栄及び伊藤野枝を殺害することには関係いたしておりませんが、男児は殺したのであります。

しかし、甘粕大尉殿は、もし事件が発覚したとしても自分と森曹長で全責任を負い、お前たちには罪をきせぬと懇々と言われましたから、それを信じておりました。ところが昨八日の午後、当師団の軍法会議の公判廷で、甘粕大尉殿が男児を殺したのは自分ではないと申され、また森曹長殿も男児の殺害についてはなにも知らぬと申されました。私は、甘粕大尉殿の言葉を信用していましたのですが、それがあやまっていたことを知り、ここに自分が男児を殺害した事実を申し立てるために自首しました次第であります」

この鴨志田上等兵の自供が事実とすると、甘粕、森の両名が「子供を殺したのはだれか知らぬ」と述べた言葉は、いつわりであることになる。甘粕大尉も森曹長も、鴨志田が宗一を殺したことを十分に知っていて、その責任をすべて負うと言ったという。

また平井伍長、本多上等兵も宗一殺しに関係のあることを自白し、鴨志田上等兵を加えた三名が、新たに被告として公判廷に出廷を命じられることに決定した。

予備調査が入念に重ねられ、第二回公判は、予定よりも一カ月近くおくれた十一月十六日にひらかれた。

公判の焦点は、宗一殺しにしぼられた。

訊問がはじまると、甘粕大尉と他の被告との答えは、しばしば食いちがった。甘粕大尉が宗一を直接殺した犯人でないことはあきらかであったが、大尉が部下に命じて殺したのかどうかによって、甘粕大尉の犯罪者としての軽重が左右される。

軍隊では、部下が上官の命令にしたがうことが慣習であり、その点を考慮して告森裁判官の訊問も激しさを増していた。

裁判官の宗一殺しについての質問に、甘粕大尉は、

「私は、森曹長に伊藤野枝を殺す意図はあるが、子供を殺す気はないと言いました。森は、それはいけません、子供を生かしておくと大杉、伊藤両名を殺したことが発覚する恐れがありますから、もしも大尉殿がやらなければ私がやりますと申しました。結局、森曹長は、鴨志田上等兵を呼んで子供を殺せと命じたのではないかと思います。私は、どうしても子供を殺すに忍びませんでした」

と、命令者であることを強く否定した。

それにつぐ、裁判官と甘粕大尉の一問一答――

「宗一殺しは、被告が命じたのではなく、森曹長が鴨志田上等兵らに命じたのか」

「そうであります。間違いありません」

「上官として、子供を助けようとは思わなかったのか」

「その点については申し訳なく思っております。ただ宗一を帰してしまいますと、犯行が発覚する恐れはあると思いました」

「被告は、子供を殺したことに全然関係ないのか」

「そうであります。命令もしなければ、手も下しません」

「それは、おかしいではないか。森、鴨志田、本多等は、予審の供述で、甘粕大尉殿から子供を殺せと命ぜられたと言っておるが……」

「決して、私は殺せと命じたことはありません」

「それならば、なぜ森曹長が宗一を殺すと言った時、とめようとはしなかったのか」

「甚だ遺憾と考えておるところであります」

甘粕大尉は頭をさげ、宗一殺しについては全く無関係であると主張しつづけた。その結果、森曹長が宗一殺しの命令者ではないかと疑われ、裁判官は森曹長の答弁を求めた。

「大杉、伊藤を殺害した後、子供を殺すまでの経過を述べよ」

と、裁判官は森に問うた。

「子供を帰してしまうのはまずいということになり、大尉殿からお前が殺せと言われました。私がいやですと申し上げますと、大尉殿は、それならば平井伍長はどうかと言われましたので、平井は家族があるから無理ですと申しましたら、鴨志田がいいと言われました。

私は、鴨志田を呼びに行き事情を伝えますと、鴨志田は迷惑そうな顔をいたしますので、おれの命令ではない、大尉殿の命令だから行けと言いました。鴨志田が、甘粕大尉殿に本多上等兵も加わってもらっていいでしょうかとうかがいますと、大尉殿は、それでは本多と一緒にやれと言われました」

法廷内には、異様なざわめきが起った。

森の答弁には、殺害前の緊張した空気が生々しく表現されている。甘粕大尉は宗一殺しに全く無関係と述べているが、森の陳述によると、森を通じて宗一殺しを命じたことになる。

告森裁判官は、甘粕大尉を起立させ、

「被告の陳述と森のそれとは、甚だ食いちがっているではないか。森の陳述は真実か、それともまちがっているのか、どちらなのだ」

と、語気荒く質問した。

甘粕大尉の顔に血の色が失われた。そして、しばらく黙っていたが、

「それは、森が言うのですからその通りなのでしょう」

と、動揺をかくせぬ乱れた語調で答えた。

「その時のことを、事実通りはっきり言え」

裁判官は、甘粕大尉に甲高い声を浴びせかけた。

甘粕は、姿勢を正すと、

「はい、私は軍人であります。命令しました」

と、答えた。

それまで宗一殺しについて無関係だとしていた甘粕大尉の主張は、その瞬間に崩れ去った。甘粕大尉は、大杉栄、伊藤野枝を殺害するとともに、六歳の宗一殺しを命じたことを自らあきらかにしたのだ。

公判は、いよいよ宗一殺しに直接関係のある兵三名の審問に入った。

初めに憲兵伍長平井利一が、被告席に立った。

平井は、森曹長に命じられて宗一を殺害した鴨志田、本多両上等兵を呼びに行った経過について陳述した。裁判官は、

「森に命ぜられたというが、甘粕大尉の命令だと思ったか」

と、問うた。

「そうであります。甘粕大尉殿の命令だと思って行きました」

裁判官――

「鴨志田、本多はすぐに来たか」

平井伍長――

「はい、すぐ来ました」

「甘粕大尉は、鴨志田、本多となにか話をしたか」

「その時、甘粕大尉殿は、ウイスキーかなにか飲んでおられました。十分近く話をしていましたが、私は腹痛が起り、部屋を出て廊下にしゃがんでいました」

その後、平井伍長は甘粕に廊下の見張りを命じられ、殺したことは知らぬと主張した。この答弁は曖昧で、裁判官はさらに追及したが要領を得なかった。

裁判官が、

「大杉の死体を見たか」

と、質問したのに対し、平井伍長は、

「菰につつんだのを見ました」

と、答えた。

「大杉は、ハダカであったか」

という問いに、

「大杉は菰につつまれ、伊藤野枝と子供はハダカであるのを見ました」

と答え、法廷内に一瞬陰惨な空気がひろがった。

午後三時、いったん休憩に入り、二十五分後に再開された。

裁判官は、平井伍長の審問を終え、宗一殺害を自白した鴨志田上等兵を被告席に起立させた。そして、大杉栄らを連行するまでの経過を訊問した後、宗一を殺害するまでの経過について審問した。

裁判官――

「平井伍長が被告を呼びに行った時のことを述べよ」

鴨志田上等兵――

「大杉等を連行してきた後、入浴して、五、六人の者と寝ころんで雑談をしていた時に、平井伍長殿が呼びにこられました。私は、すぐに甘粕大尉殿のいる部屋へ行きました」

「甘粕大尉から、どのような話があったか」

「大尉殿は、大杉はすでにやってしまい、これから伊藤野枝と子供をやる、野枝はおれと森曹長がやるから、子供は鴨志田と本多でやれと言われました。大尉殿は、おれたちが野枝をやったら、隣室にいる子供をすぐにやれと、その方法を教えてくれました」

「森曹長が直接命令したと思ったか。それとも、森が甘粕大尉の命令を伝えたと思ったか」

「大尉殿の命令だと思いました」

鴨志田上等兵の陳述は、明確だった。それだけにどのような陳述を口にするか、法廷内の緊張は息苦しいほどにたかまった。

裁判官の訊問は、つづいた。

「野枝の部屋へは、みんなで行ったのか」

「そうであります」

「野枝の部屋へ入って、それからどうした」

「甘粕大尉殿が野枝の首をおさえたら、私と本多はすぐに隣室に行って子供をやれと言われていましたので、その通りにしました」

裁判官は、その言葉をきくと甘粕に対し、

「甘粕大尉。鴨志田の言う通りか」

と、ただした。

甘粕は、

「鴨志田の言うことが本当でしょう」

と、答えた。

裁判官は、甘粕大尉を着席させ、鴨志田上等兵に対する質問を続行した。

「甘粕大尉に指示されたままに、子供を殺したのか」

「そうであります」

「その方法を述べよ」

法廷内に深い静寂がひろがった。人々の眼は、起立した鴨志田上等兵に注がれた。

「野枝の部屋で椅子の倒れる音がきこえ、やったなと思いました。私は、ただちに子供の首をしめ、本多は子供の手をつかんでいました」

裁判官は、鴨志田の顔に眼を据えていたが、冷静な口調で、

「被告が子供を殺したのは、甘粕から命じられたからか」

と、問うた。

「そうであります」

鴨志田は、はっきりした口調で答えた。

「甘粕は、被告に命令すべき上官か」

「そうであります」

「上官として命じられたから、そのままやったのか」

「はい、そうであります」

「子供を殺せなどということは、命令とは思えぬが、どうか」

「ふだんなら子供を殺せなどと命じる非常識な上官はないと思いますが、大地震後の混乱の時でもありましたので、命令と思いました」

「被告は、いやな顔をしたというではないか」

「なんとなくいやであったからです」

「命令に反対できなかったのか。上官ならどのような命令でもやるのか」

「呼ばれてからいやな顔をしますと、頭から叱りつけられました。命令に服従せよと言われました。大尉殿も森曹長殿も一緒にやるというので、反対できなかったのでありま

す」

鴨志田は、子供を殺した。が、それは上官の命令にやむを得ずしたがった結果だというのだ。

これに対して、甘粕大尉、森曹長からの反論はなく、鴨志田の陳述は事実であると判定された。

「子供を殺してからどうした」

と、裁判官はたずねた。

「いやな気持になり、子供を横たえたまま部屋を出て階下へおりました。それから三十分ほどして二階へ上り、みんなで大杉の遺体を菰に包みました」

「死体は、みなと一緒に運んだのか」

「はい、そうであります」

「死体の始末をしてから、甘粕がすべての責任を負うと話したことがあるか」

「あります。部外に絶対このことを話してはならぬと申されました」

裁判官は、しばらく口をつぐんでいたが、

「司令官の命令だとの話はあったか」

と、思い切ったように質問した。

法廷内は、一瞬静まり返った。

裁判官は、大杉らを殺害した行為が甘粕大尉の命令によるものではなく、憲兵司令官の命令ではないかと疑義を提出したのである。つまり大杉栄、伊藤野枝、橘宗一の殺害を命じたのは憲兵司令官であり、甘粕大尉はその命令にしたがっただけではないかというのだ。

法廷には、陸軍の高官も傍聴していて、かれらは鴨志田の答えに息をひそめた。

鴨志田は、

「上官の命令であるから、決してお前たちには責任を負わさぬと言いました」

「上官とは、甘粕大尉のことか、それともさらに上級者のことか」

「甘粕大尉殿と思いました」

「甘粕よりも上からの命令であるときいたことはないか」

「命令とはききませんが、大尉殿と森曹長殿が、上官の命令だからやりそこなうなと話し合っていたのをききました」

この陳述は、大きな波紋となってひろがった。甘粕と森が「上官の命令だ」と口にしたという鴨志田上等兵の言葉は、甘粕大尉よりも上級者が殺害を命じたことを意味する。

裁判官は、重大な証言なので甘粕大尉と森曹長に事実か否かを問うたが、かれらは強く否定した。

午後四時十五分、鴨志田上等兵に対する審問は終り、宗一殺害を手伝った本多上等兵が被告席に立った。

「子供を殺す時に手伝えと命令されたか」

「はい、命令されました」

「承知したか」

「承知しました」

「鴨志田上等兵は、子供の首をどのように絞めたか」

本多上等兵は、鴨志田と一致した陳述をした。そして、

「殺したのを見た時、ボーッとしてしまいました」

と、答えた。

「殺すことを知っていたのに、ボーッとしたというのはどういう訳か」

「殺すとは、はっきり知らなかったのであります。私は、なにもしなかったのでありま
す」

裁判官は、疑わしげな眼を本多に据えた。

「鴨志田らの陳述によると、子供を殺した時その手をおさえていたというではないか」

「おさえたりなどしません。さわった時は、すでに冷たくなっていたのであります」

裁判官は、鴨志田上等兵に起立を命じた。

「鴨志田、本多はなにもしなかったといっているが、どうか」

「私が首をおさえた時には、本多が手を持つことになっていたのであります」

「まちがいないな」

「はい、まちがいありません。私が首をおさえてもよいかときき、本多がよいというまで待っていました」

裁判官は、その陳述を得ると、

「手伝ったことはないのか、本多」

と、鋭い声でたずねた。

しかし、本多上等兵は、

「ありません」

と、否認した。

「それならお前は宗一殺しに関係がないではないか。関係がないのになぜ自首したか」

裁判官が追及したが、本多上等兵は、自首をすすめられたのでそれに従っただけだと答えた。

その後、審問はつづけられたが、突然本多上等兵の口から思いもかけぬ言葉がもれて、法廷内は騒然となった。その一問一答は、陸軍全体に重大な影響をあたえるものであった。

裁判官が、

「本多、お前は甘粕大尉か森曹長から、上官からの命令だときいたことがあるか」

という質問に対して、本多上等兵は、

「森曹長からそのようにききました」

と、答えた。

「そのほかになにか言ったか」

「その後、森曹長が、これは司令官からの命令でおこなったことなのだから、絶対に口外してはいかんと言われました」

と、陳述した。

本多は、司令官という言葉を口にした。大杉栄ら三名の殺害事件は、憲兵司令官の命令だという。

裁判官は、昂奮をおさえきれず、森曹長に、

「森！　司令官の命令と言ったのか」

と、質問した。

森曹長は、顔をこわばらせて頭を激しく振り強く否定した。また平井伍長、鴨志田上等兵もそのようなことを耳にしたことはないと答えた。

裁判官告森法務官は、極めて重大な問題であるので憲兵司令部の追及に着手した。

当時の憲兵司令官は小泉六一少将で、甘粕事件発生の責任を負って司令官を辞任して

いた。

小泉前司令官は、予審で左のごとく陳述した。

「私は、八月六日に憲兵司令官に任命され、同月十三日に前任者山田良之助中将から申継ぎを受けたばかりで、社会主義者に関する知識はほとんどなかった。

それで、各方面から資料を集めて知識を得ることにつとめていたような次第で、職責上恥かしいことだが、だれが社会主義者なのかも知らなかった。

しかし、災害後、戒厳令がしかれたので、戒厳令に反する者は社会主義者であろうとなかろうと、容赦なくやれとは言いました。が、甘粕大尉に大杉栄らを検束せよともこれを殺せとも命じたことはありません。甘粕大尉が大杉らを憲兵隊に連れてきたことも知りません。

事件が起ってから二日後の九月十八日午後三時に、東京憲兵隊長小山介蔵大佐が来ての報告で、初めて知ったのであります」

この点をたしかめるため、軍法会議は、前東京憲兵隊長小山大佐を証人として出廷させた。

裁判官は、小山大佐に、

「社会主義者の取締りについて、なにか命じたことがあるか」

と、訊問した。

「あります。震災後、諸方面からの報告により社会主義者を取締る必要を感じたので注意するように申しました」

「甘粕大尉らが大杉を殺害したことは知らなかったか」

「全く知りませんでした。知ったのは十七日朝で、部下の松田中尉からききました。私は、本件をどのように処置すべきか十分に考えた末、翌十八日午後三時小泉憲兵司令官に報告いたしました」

小山大佐の陳述は明瞭で、小泉少将の陳述と一致していた。と同時に、小山は、法廷で甘粕大尉は立派な軍人であることを強調した。

その間、淀橋警察署員と甘粕大尉らの関係について審問が繰り返されたが、結局淀橋警察署は大杉栄殺害事件に直接の関係がないことが明白になった。

大杉ら三名の死体の処理方法については、審理が進むにつれてあきらかにされていった。

大杉らの死体は、すべて裸にされ菰にくるまれ、麻縄で縛られていた。甘粕大尉は、死体を自動車で運び出し川へでも遺棄しようとしたが、隊門はすでに閉ざされているので、火薬庫近くの古井戸に投げこむことに決定した。

森、鴨志田、平井、本多の四名が遺体を運んで古井戸に投げこみ、瓦礫や馬糞でおおい、翌朝作業員に命じて土をかぶせさせた。

衣類、所持品はすべて自動車で築地の逓信省跡に運び、焼却した。

その後、事件が発覚し、九月十八日に死体は掘り出され二十一日に衛戍病院で解剖されたのである。

公判は、十一月二十二日に閉廷したが、弁護団は、四谷区民の五万人が署名した甘粕大尉減刑嘆願書を裁判官に提出した。それは、社会主義者と対立する団体が中心に推し進めたものだったが、五万人という数字からも容易に想像できるように、甘粕大尉の行為に対する庶民の支持も強かったのである。

二日後、検察官山田喬三郎は、求刑論告をおこなった。

山田検察官は、甘粕大尉が森曹長らと共謀して大杉栄、伊藤野枝、橘宗一を殺害した事実は明白であると述べたが、憲兵隊司令官の命令によるものであることは根拠のないものとして否認した。

また、法治国では、たとえ国家利益に反する社会主義者であってもこれを殺害することは許されぬと断じながらも、甘粕大尉の私利私欲をはなれた美しい精神は、量刑上大いに考慮を要するものであると結んだ。

論告は三十分で終り、各被告に対し左の如く求刑した。

懲役十五年　甘粕正彦
同　五年　森慶次郎

同　一年六月　平井利一
同　二年　　鴨志田安五郎
同　二年　　本多重雄

極刑を予想した一般の人々は、求刑が余りにも軽いことに呆然とした。十二月八日には、早くも判決が下された。それによると甘粕大尉は懲役十年、森曹長は同三年、平井伍長、鴨志田、本多両上等兵の三名は、戒厳令下で命令に従ったにすぎぬという理由でいずれも無罪を言い渡された。

大杉栄、伊藤野枝、橘宗一の遺体は、九月二十五日に遺族へ引渡されたが、腐臭がひどく、その日のうちに落合火葬場で荼毘《だび》に付された。

遺骨は分骨されて、半ばは大杉の遺児に抱かれて伊藤野枝の郷里福岡にはこばれ、今宿の徳正寺で警官立合いのもとに葬儀がいとなまれた。

また東京に残された遺骨は駒込の労働運動社に置かれていて、大杉栄と伊藤野枝の葬儀が十二月十六日に谷中斎場でおこなわれることになっていた。

が、葬儀の朝、反社会主義団体の下鳥繁造が拳銃を手に労働運動社に闖入《ちんにゅう》し、遺骨を奪って去った。

葬儀は、遺骨のないままに開かれた。参列者は多く、焼香の煙が斎場にみちた。それは、大震火災に伴う悲惨な社会事件の終末でもあった。

その後、甘粕は千葉刑務所で服役し三年後に仮釈放されてフランスに渡った。そして、昭和五年に満州へおもむき、満州国の成立とともに要職につき、官を退いてから満映理事長となって活溌に行動した。

やがて、かれは、満州で終戦を迎え、昭和二十年八月二十日青酸カリをのんで自殺した。

復興へ

十六、死体処理

九月一日午前十一時五十八分に相模湾を震源地として起った大地震は、おびただしい余震をひき起した。

三分後の午後零時一分四十九秒には、揺り返しと称される大地震が起り、午後一時までに強烈な地震が七回にわたって災害地を襲い、その後も夕方までに三度の強震があった。これらの強震以外に軽度の地震が絶え間なくつづき、同日午後十二時までの十二時間に、総計百二十八回の余震が起った。

これらは、すべて相模湾を震源地とするもので、家屋の倒壊と大火災におびえる人々を戦慄させた。

さらに翌二日午前十一時四十六分五十五秒には、前日の大地震につぐ激烈な地震が起り、人々は激しく揺れる大地に恐怖の叫び声をあげた。

この大地震は、房総半島勝浦沖を震源地とするもので、相模湾を震源地とする前日の大地震によって誘発されたものであった。そして、この勝浦大地震も多くの余震をひき起した。

相模湾と勝浦沖をそれぞれ震源地とする余震が、互いに入り乱れて災害地を襲った。そして、その日午後六時二十七分四秒と午後十時九分二十九秒に起った強烈な地震をふくめて、計九十六回の余震が続発した。

しかし、その余震も九月三日には五十九回、四日四十三回、五日三十四回、六日二十七回、七日二十三回、八日二十一回と次第に減少傾向をたどっていった。

人々は、相つぐ余震におびえながら、交通機関に身をゆだね、または徒歩で災害地から地方へ逃げのびていった。が、地方に身寄りのない者は飢えと渇きに悩まされながら災害地を彷徨し、また肉親の安否を気づかう者たちも焦土をあてもなく歩き廻っていた。

災害地には、多くの死体が遺棄されていた。焼けた材木のように炭化した焼死体が路上に横たわり、逃げ場を失って集った人々の遺体は、一カ所に盛り上っていた。

また河川には、溺死者が漂流物とともに川面を隙間なくおおっていた。それらは、路上の焼死体とは異なって衣服に焼け焦げの痕もなく、体内に発生したガスで一様にふくれ上っていた。

残暑の厳しい季節であったので、それらのおびただしい死体は、急速に腐敗しはじめていた。

東京市では、九月三日まで大火災がつづいていたが、警視庁は九月二日に早くも死体の処理に着手した。死体が放置されていれば、伝染病の流行をうながす恐れがあり、また不安定な人心を一層動揺させる原因にもなりかねない。また死体から携行品等をかすめ取る者の横行を防止するためにも死体の処置が急がれたのだ。

その対策を進めたのは警視庁衛生部で、九月二日午前十時、衛生部長小栗一雄は、東京市衛生課の関係者を警視庁に招いた。

火勢は一層激しく、余震は絶え間なく襲ってくる。また不穏な流言もしきりに起っていて、会議に出席した者たちの顔には落着きを失った疲労の色が濃かった。

小栗衛生部長は、鎮火後死体の処理をただちに開始せねばならぬと説いた。

しかし、その事業は多くの困難を伴うことが予想された。

第一に、焼死体は黒焦げになったものが大半で、その死体がだれであるのか性の識別すらできぬものが無数にある。遺体は、家族または縁者に渡してやることが原則だが、それは到底不可能な状態であった。

顔や体のそこなわれていない死体は、遺族に引渡すことができるが、大災害で一家全滅または離散してしまっているものが多い。縁者が遺族に代って引取りにくることも予想されたが、それはかなりの時間が経過した後であるだろうし、その間に暑熱が死体の腐爛《ふらん》をうながし、それらの死体を識別不能の死体に化してしまうにちがいなかった。

会議では、これらの難問題について真剣な討議が交され、まず引取人のない死体を一定の地に集め、その後、焼却することにし、左のような方法で死体処理作業を進めることに決定した。

「一、作業は、東京市衛生課が中心となって実施し、これに警視庁の各地区警察署が全面的に協力する。そして、東京市では、引取人のない死体を収容するため作業人夫を募集し、敏速に収容作業をおこなう。

二、各区ごとに死体収容所を設け、死体を探し求める遺族または縁者知人の便宜をはかるため、死体を収容所に二日間保管する。

三、識別不可能の死体を収容する時には、左のような方法をとる。

(イ) 死体の腕に、発見した場所を記した布をまきつけること

(ロ) 死体の特徴を出来るだけ多く記録すること

(ハ) 着ている衣服、携帯品、毛髪を保存しておくこと

(ニ) 出来れば、死体を写真機で撮影しておくこと

四、常設の火葬場では多数の死体を焼却する能力がないので、臨時の火葬場を台場、深川区平久町の地先埋立地に設け、それでも不足の場合は、各地区の警察署と協議し警視庁の許可を得た上で、市有地に仮の火葬場を増設することにする。

五、死体の収容作業には、警察官の立合いを求める。」

右のような決定をみたので、翌三日、警視庁は各警察署に、東京市は各区役所にそれぞれ死体収容方法を記した文書を急送した。

警視庁は、火葬場の焼却能力の不足を解決する方法として、夜間使用を禁じていた常設の火葬場に、昼夜の別なく二十四時間火葬炉の使用を命じた。

さらにそれらの火葬場の炉で焼骨が間に合わなかった場合は、火葬場敷地内で露天焼却しても差支えないと指示した。またこれらの常設火葬場でも焼却が不可能な場合は、衛生的にも公安的にも支障のないと思われる場所で火葬してもよいと指令した。

当時の常設火葬場は、荏原郡桐ヶ谷、南葛飾郡砂町、同郡四ツ木、北豊島郡日暮里、豊多摩郡代々幡、同郡落合の六カ所で、それらの火葬場の焼骨能力では東京市に散乱する死体を処理することは出来ないと判断されていた。そして、警視庁と東京市は、死体を露天で焼却させる以外に処理の方法はないと断定した。

布告が発せられてから、東京市は警視庁の協力のもとに区を督励して死体の収容にとりかかった。

すでに死体は腐敗のきざしを見せはじめていて、作業は腐敗の進行と競い合うように進められた。

死体を扱う作業なので、それに堪え得る作業員を募ることが第一の難問であった。道路工事等に従事する労働者の一日の賃金は、震災前に平均二円三十銭が相場であったが、東京市では作業員を確保するため賃金を五円に定めた。そして、焼け残った地域の電柱などに募集のビラを貼った。

第二に死体を収容所に運ぶ自動車の不足も、東京市を困惑させた。市内の自動車は大火によってほとんどが焼失し、残った車も重要な交通機関として罹災者の地方への脱出に使われている。死体収容に応ずるトラックは皆無であった。

東京市では、市役所の保有している自動車を使用することに決定した。それは、衛生課に所属している十余台の糞尿を運搬する自動車と塵芥運搬車であった。

作業員は、約三百名が応募してきて、死体の収容が各区で開始された。かれらは、手拭で鼻をおおい、死体を自動車に乗せる。たちまち自動車の荷台は死体にうずまり、各収容所に送られた。

収容所は、大地震後火に追われた避難民が多数押し寄せて死亡した場所が指定されていた。それは、芝区芝浦埋立地、芝区青松寺跡、浅草区田中町小学校跡、同区侍乳山、同区七軒町小学校跡、同区吉原病院跡、同区厩橋、同区蔵前、深川区大丁町、同区洲崎埋立地、同区浄心寺跡、本所区陸軍被服廠跡、同区竪川橋、京橋区築地本願寺跡等で、死体でおおわれたそれらの場所に、自動車で送られてきた新たな死体が投げ出された。

運搬した死者の総数は、四万八千百三十一体に達し、延べ二百三十七台の自動車と延べ八千三百人の作業員が動員された。

これらの収容所では、二日間死体を放置した後、薪を積み石油をかけて露天焼却をおこなった。それに要した薪は、二万三千把であった。

各収容所からは、死体を焼く煙が死臭とともに立ちのぼった。黒煙は上空をおおい、日没後も炎が夜空を赤々と染めていた。

下谷、本郷、牛込、小石川、麻布、赤坂、芝、四谷、麴町の九区の収容死体は、陸上で男五百五十五体、女三百二十七体、性別不明十九体、計九百一体、河川で男十八、女十七、性別不明九体、計四十四体で比較的少く、最も早く焼骨を終えた。神田区で男百七十一体、女六十体、性別不明百十四体、日本橋区で男百二十六体、女百三十五体、京橋区で男二百二十一体、女百七十五体の焼骨作業も終了した。

しかし、浅草、本所、深川の三区は死体数がきわめて多いため、その作業ははかどらなかった。

引取り手のない死体は、浅草区で陸上河川を合わせて男三百六十六体、女六百五十二体、性別不明千三百七十六体、計二千三百九十四体、深川区で男千二百八十四体、女千百五十三体、性別不明六百九十二体、計三千百二十九体にのぼり、さらに陸軍被服廠跡で大量の死者を出した本所区では男七百六十七体、女九百七十体、性別不明四万八千八百七体、計五万五百四十四体という驚くべき数に達していた。

関東大震災で最大の死者を出した本所区陸軍被服廠跡では、九月二日から東京市の指令によって区と相生警察署が協力して死体の処理活動に入った。

しかし、同敷地内には、避難者の持ちこんだおびただしい家財道具が依然として燃えつづけ、金属類は赤熱していた。その中を辛うじて生き残った者たちが半裸の姿でさ迷い、また肉親を求めて歩く者も多く、作業を開始できるような状態ではなかった。

死体は足の踏み場もないほど横たわっていて、所々に折重なって焼死した遺体が堆《うずたか》く盛り上っていた。それらは、性別も識別できぬ遺体ばかりで、凄じい炎に焼きつくされ、炭化し縮小したものがほとんどだった。

しかし、そのような惨状の中で、だれが設けたのか九月二日には小さな祭壇が敷地内におかれ、一人の日蓮宗の僧侶が遺体の群に向かって読経をつづけていた。

被服廠跡は、壮大な墓所であった。わずか二万坪の敷地に四万の死体が散乱し、地表のあらわれている部分はほとんどなかった。

遺体の群は雨にたたかれ、残暑の激しい陽光にさらされて、一斉に腐臭を放ちはじめていた。

遺体には蛆《うじ》がうごめき、敷地はおびただしい蝿の乱舞に包まれていた。その中を、附近で収容された遺体がトラックで続々と到着し、敷地に投げ出された。それらの送りこまれた死体を合わせて、被服廠跡には、四万九千八百二十一体の死体が集められていた。

東京市では、この多量の死体を常設の火葬場に運んで荼毗《だび》に付すことを初めから断念していた。移送能力は乏しく、それに腐爛した死体を動かすことは不可能であった。野にさらしたまま大火葬場とすることに決定していた。

東京市は、被服廠跡をそのまま大火葬場とすることに決定していた。野にさらしたままの形で焼却しようとしたのだ。

本所区では、東京市の指令で焼却作業の準備をすすめ、敷地内の家財もようやく鎮火した九月五日から作業を開始した。

これに要する作業員については、区の吏員が市川、草加方面に出張し、

「死体取片付人夫募集
日給五円、日払ひにして三食弁当を給す」

というビラを貼って歩いた。それは、破格の待遇で、大震災によって職場を失った人々には得がたい高収入であった。

ただ死体取片づけという作業内容にためらう者も多く、応募する者は少かったが、それでも作業第一日目の九月五日には八十八名の作業員が集った。

作業は、午前八時から開始されたが腐爛した死体の処理は予想以上に困難だった。死体は、所々に集められて焼却することに手筈がきめられ、作業員たちは死体を移動させることにつとめたが、遺体にふれると、肉が崩れ、髪も抜ける。遺体は、一体残らず蛆におおわれていた。

作業員たちは、余りの惨状に嘔吐を繰り返し、作業を放棄する者が相ついだ。そして、

その日午後までとどまっていたのは、わずかに四名のみであった。

区役所では、第一日目の作業について検討した結果、死体を集積することをやめて現状のまま焼却することに決定した。そして、作業員を再募集し、焼骨作業に着手した。焼骨には、薪約一万九千貫、石油二百石が用意された。

しかし、作業員は集らず、死体焼却は中止状態になった。

区の窮状を知った同被服廠跡を管理下におく本所相生警察署では、署長山内秀一警視も行方不明になるなど死者も多かったが、警部原清治が指揮をとり、署員自ら死体処理にとりくんだ。

幸い福島県下から警察官が応援にやってきたのをはじめ、百二十名の応援警官隊が到着したので、同日中に路上に横たわる死体四百二十体を被服廠跡に運びこむことができた。また同警察署では四班の検視隊を組織し、九月八日までに実に四万四千三百十五体の死体を検視した。

同署員と応援警察官は、死体の群に薪を積み上げ、石油を注いで火をつけた。火炎は、敷地一帯に立ち昇って黒煙は空をおおった。

しかし、その方法では死体は十分に焼けず、繰り返し作業をつづけねばならなかった。その間にも死体の腐敗は一層進んで、手もつけられぬ状態になった。

東京市と警視庁衛生部の苦悩の色は、濃かった。作業員の数は徐々に増してはいたが、敷地内にはかなりの数の腐爛死体と半焼けの死体が残されていた。

そうした作業状況は、一般にも伝えられていたが、九月八日警視庁衛生部に片山秀男という男が訪れてきた。片山は、それまでおこなわれていた薪による火葬法を改めて、重油を使用する火葬装置を発明していた。

かれは、遺体の火葬が行きづまっていることを耳にして、新発明の重油火葬装置で奉仕したいと申し出た。

警視庁では、片山からその装置の火葬能力を聴取し、東京市衛生課と協議の末、火葬を片山に一任することに決定した。

片山は、ただちに被服廠跡に急ぎ、その日のうちに重油火葬炉を築き上げた。

この火葬炉は、短時間で焼骨する能力をもち、遺体が次々に焼却されていった。そして、九月九日からわずか三日間で被服廠跡に横たわっていた遺体すべてが焼骨された。

これら露天で火葬に付された骨は、一カ所に集められたが、その高さは三メートル余にも達した。

この骨の山は、人々の涙を誘い、線香や花を供える者が多く、仏教その他の宗教団体の者たちもやってきて追悼した。

また多くの遺族たちは、それらの骨の小片をとって胸に抱いて去っていった。

山積された骨は、そのまま風雨にさらされていたが、九月下旬それを憐れに思った水戸市在住の岡崎徳次郎が大甕《おおがめ》七十個を本所区役所に寄贈してきた。

区役所では、遺骨を甕に詰め、入りきらぬ骨を粗末な木の箱に納めた。

その後、被服廠跡に五十六坪のバラック建ての仮納骨堂が設けられたが、公園予定地とされていた同廠跡に震災記念堂を建設する計画が立てられた。その建設趣旨は、

「一、震災を記念すると同時に後世の人々をして、天災に処する途を常に考慮せしめ、再び此大惨禍なからしむること。

一、震災に依る数万犠牲者の納骨堂を造り、其の霊を永久に弔祭し得る霊廟を造ること。

一、平素は社会教化的機関にも利用し得ることとし、建物内には、震災を記念する絵画彫刻を掲げ、震災記念品を蒐集陳列し、以て震災記念館とす」

というものであった。そして、計画通り被服廠跡に記念堂が建てられたが、現在でも東京都慰霊協会が記念堂を管理し、同廠跡で奇蹟的に死をまぬがれた人々によって、震災発生日の大正十二年九月一日の月日と被服廠跡の地名を使用した一二九《ひふく》会が組織され、慰霊につとめている。

陸上の死体以上に処理が困難だったのは、各河川に漂い流れていた溺死体であった。殊に本所、深川の河川には、火に追われて飛びこんだ溺死者の遺体が充満していた。

それらの処理の中心になったのは、東京水上警察署で、警視寺阪藤楠署長が部下を指揮してその難事業にとりくんだ。

水上警察署では、船を出して死体の収容につとめたが、隅田川をのぞく河川では、焼け落ちた橋や漂流物におおわれ航行できぬ状態だった。

そのため作業は進まず、寺阪署長は河川の障害物を取りのぞくことが先決であるとさとり、陸軍工兵隊にその作業を依頼した。工兵隊は、積極的に作業を進め、九月九日夕刻にいたって漸く河川の航行も可能になった。

水上警察署では、六隻の船を出し、作業員五十名を督励して水死体を鳶口で引揚げた。それらの遺体は腐爛していて激しい臭気を放ち、人夫の中には卒倒する者もあったが、翌十日までに八百八体の遺体を引揚げることができた。

さらに翌十一日には百八十名の作業員と西平野警察署員によって、まず伊予橋下に集っていた百七十五体の遺体を引揚げ、ついで竪川、小名木川、隅田川で七百十一体を収容した。

さらに十四日には神田、日本橋、京橋、浅草、本所、深川の各区の河川と隅田川、品川沖等で七十四体、十五日には二十六体を収容し、溺死者の処分を終えた。

また東京市は、警視庁の指令にもとづいて圧死者の収容にも当った。

圧死者は、焼死者、溺死者にくらべてその数は少かったが、九月中旬になっても瓦礫の下で圧死したまま発見されない者が多かった。

丸の内の内外ビルディングも倒壊したが、その中に二十余名の遺体が手もつけられず放置されていることなどが判明し、警視庁は、九月十六日各警察署長に対して、左のような通牒を発した。

圧死体処置に関する件

家屋倒壊に依る圧死体にして、未だ発掘処置未済のものあるやの聞え有之、衛生上は勿論、人道上看過すべからざる次第に有之候に付、其の署管内に於て該当事実有之候はば関係者と協議し、速に処置方法を講ぜられ……報告相成度

この通牒にもとづいて、各警察署では圧死者の発見につとめ、十月二十日までに、麹町区百一体、神田区二百七十六体、日本橋区三十四体、京橋区二十三体、芝区百二十九体、麻布区四体、赤坂区四十八体、牛込区二十九体、小石川区十五体、本郷区十三体、下谷区三十体、浅草区四百八十二体、本所区百三十体、深川区十四体、計千三百二十八体を収容した。

これによって死体の処理は漸く終了したが、関東大震災は、人々の生活に思わぬ混乱をひき起していた。その一つは、糞尿問題であった。

避難民は、大火災の発生後、安全と思われる場所に集って難をのがれた。が、それら避難所には便所がなく、公衆便所が数カ所設けられていた上野公園などでも、それらはたちまち使用不能になった。

人々は、やむなく野天で用を足す。男も女も生死の境をさ迷ってきただけに羞恥心もなく随所で排泄した。そのためそれらの避難所は、糞尿に隙間なくおおわれてしまった。そうした糞尿の充満は、避難所のみではなく火災の難にあわなかった山の手方面の住宅街にも起っていた。

当時は、むろん下水設備はなく、糞尿は汲取り請負人によって各戸から集められていた。

それに従事していた作業員は三百二十名で、一万一千個の桶に糞尿を汲みとり、それを手車二百七十八台、自動車三十台、鉄道貨車十八輛で処理場に送っていた。

しかし、大地震による大火の発生で、焼失をまぬがれたものは自動車二十四台、手車百三十台、運搬用桶六千七百個で、約半数が失われてしまった。

糞尿の汲取りは、請負業者以外に附近の農村の者たちが肥料として集めていた。が、まず請負業者に雇われていた作業員が汲取り作業からはなれてしまった。

作業員は、高収入であることに魅力を感じて汲取り作業に従っていたが、東京市の募った死体処理作業の日当五円、三食つきという待遇に、汲取り作業を放棄してしまったのである。また肥料として糞尿を求めていた附近の農民の者たちも、朝鮮人来襲の風説におびえて自警団を組織し、汲取り作業に従う者は皆無だった。

糞尿の半ばは、船で運搬していたが、各河川は焼け落ちた橋や漂流物にさえぎられて輸送は出来ず、陸送の糞尿運搬自動車も死体輸送に使われて移送方法は絶えていた。

その上、山の手方面には、焼き払われた地区の罹災者が、縁故を求め借家、借間を見つけて多数押し寄せていた。その人口の増加によって、糞尿の排泄量は急増していた。

各家々の糞尿貯蔵槽は充満し、それが外部にもあふれるようになった。異臭は、各町々に漂い、人々は夜間をえらんで戸外で排泄することが多かった。

警視庁衛生部は、それらの地区が糞尿の充満によって伝染病の発生地になることを恐れ、東京市に糞尿汲取り作業を開始するよう警告した。

東京市では、ただちに汲取り請負業者に作業に着手するようにうながしたが、作業員は四散し汲取り器具や自動車、手車も焼失しているので作業を開始することが出来なかった。が、それでも九月七日から自動車十三台、作業員二百人を集めて作業を再開するようになった。

しかし、その汲取り量はわずかで、東京市は、日毎に激増する糞尿の処理に苦しみ、警視庁と協議を重ねた。その障害の一つとして、糞尿汲取り器の不足が指摘された。

この件について警視庁小栗衛生部長は、内務省と協議して隣接県の援助を求めることになり、九月二十二日に衛生課員の柴山禅英警部補を埼玉県庁へ出張させた。柴山は、同県庁に肥桶、柄杓、天秤棒の購入を依頼し、さらに茨城、群馬、栃木の各県庁をも歴訪して同様の申出をした。

各県では、汲取り器具の購入につとめ、同月下旬までに肥桶六千五十五、天秤棒八百、柄杓千三百を警視庁に送りとどけた。

そのうちに、河川の往来も可能になり、死体処理も終了して作業員が復帰し、流言蜚《ひ》語《ご》の流行も鎮まったことによって農村団体の応援も得られ、糞尿の汲取りもようやく活潑化した。そして、住宅街に濃くただよっていた異臭も次第に薄らいでいった。

しかし、避難民の多数集っている場所は依然として排泄物が地表をおおっていた。

警視庁では、その打開策として東京市と協力し、それらの土地に共同便所を設置するとともに、糞尿の清掃に乗り出した。そして、避難民のむらがる上野公園に二十人、芝公園に二十五人、浅草寺境内に二十人、日比谷（二重橋前を含む）に六人の専門作業員を派遣して、糞尿の清掃に従事させた。

かれらは、東京市清潔係という襟章をつけて作業したが、上野公園では東京帝国大学学生団と修養団体の「希望社」の者たち約三十名が、園内にあふれる排泄物の処理に協力した。

これら東京市、警視庁、民間人の努力によって、十月中旬には、排泄物の処理をほぼ終えることが出来た。

糞尿の処理とともに腐心したのは、塵芥の処理であった。東京市で一日に排出される塵芥の量は平均七百五十トンで、作業員の手で三日目ごとに各家々から集められていた。使用していた運搬用具は手車千二百台、曳船六隻、伝馬船百四十六隻で、約千二百名の作業員が所属していた。

しかし、大震災によって運搬具は大打撃を受け、手車九百台、伝馬船四十一隻が焼失してしまっていた。

また作業員や焼け残った船は死体の収容等に向けられていたので、塵芥の処理作業は完全に停止してしまっていた。流言が巷にみち、避難民は激しい飢えに苦しんでいた中で、塵芥の処理などに手をつけるゆとりはなかったのである。

九月七日、世情もわずかに平静をとりもどしたので、警視庁の小栗衛生部長は東京市の関係者と協議し、翌八日から焼け残った車、船を使用して塵芥の処理に着手した。

市では、民間の馬車、自動車を雇い入れ、臨時の作業員も募って塵芥の運搬につとめた。が、平時の塵芥と異なって、その量はきわめて多く、それに倒壊した建物等の壁土、瓦礫などがまじっていて取扱いに多大の労力を必要とした。

その上、路上には倒壊した家屋や電柱などが横たわり、避難民の往来もしきりで塵芥運搬車の通行はさえぎられた。

また河川の航行も漂流物等で杜絶状態にあり、塵芥の運搬ははかどらなかった。

東京市は、塵芥を震災前と同じく焼却場又は埋立地に運ぶ方法をとっていたが、運搬がほとんど不可能であるので計画を変更し、各区ごとに適当な空地で塵芥を焼却させた。

この方法は効果的であったが、塵芥の中には瓦礫等が多量に混入していて、十分に焼却することは出来なかった。そのため、東京市は、初めの計画通り常設の焼却場に運ぶ方針にきりかえ、ようやく河川も交通可能になったので舟での運搬を開始した。

しかし、河川に遠い本郷、小石川、牛込等の各区では、塵芥の運搬が進まず、倒壊家屋の多い地区では、瓦礫、壁土、トタン板などが至る所に山積みに放置されていた。

大震災は、人心を荒んだものにさせてしまっていた。かれらには、混乱時の生活感情がそのまましみついていて、公徳心も失われていた。

路上で脱糞放尿する者は多く、塵芥も路上その他に撒き散らす。そのため市や区の努力にもかかわらず、市街は汚物にまみれていた。

東京市では、その対策として「ごみは箱に入れましょう」というビラを貼り、ガソリンの空缶や四斗樽などを利用して、日に数百のごみ箱を作り、各所に設置したりした。

災害地の衛生状態は最悪だったが、その具体的なあらわれとして、伝染病の流行が見られた。

震災直後には、東京府一帯に赤痢が大流行して二千六百十九名の患者を出し、それが衰えた後、腸チフスが猖獗《しょうけつ》をきわめた。その罹病者は四千六百七十五名にのぼり、中でも北豊島郡などでは九、十月の二カ月間に七百余名の発病者が出た。

その他、パラチフス、猩紅熱《しょうこうねつ》、ジフテリヤ、流行性脳膜炎、天然痘がそれぞれ流行し、伝染病患者は総計一万四千三百六十四名という平年の二倍以上の数に達し、死者千八百二十七名を数えた。

十七、バラック街

上野、日比谷、芝等の公園や宮城前広場などに殺到した避難民の大半は、日がたつにつれて縁故を求め散っていった。が、身寄りのない者たちは、それらの場所で風雨にさらされねばならなかった。

東京市は、これら宿泊所のない避難民に公共建物等を提供したが、当然それは一部の避難者を収容出来たにすぎず、大半は野宿を余儀なくされる状態であった。

かれらは、樹木に蓆《むしろ》をかけてその下で夜露をしのぎ、鉄管や焼け落ちた土蔵の中で夜を明かした。

戸板やトタンを利用して小舎を作る者や、周囲に蓆をたらして小舎掛けする者も多く、それらが宮城前広場をはじめ他の避難地に見られるようになった。

中には、再び襲来する地震で地割れが起ることを恐れ、線路上に蓆小舎を作る者もいた。

しかし、このような小舎に寝起き出来た者は極く一部で、大半の者たちは、焼け残った橋の下や家の軒下に身を寄せ合って夜をすごしていた。

突然襲った大震火災に、東京市はさまざまな対策に忙殺され、これら住居のない避難者の収容所問題には手をつけることが出来なかった。

また政府も臨時震災救護事務局を設けて、同局の収容設備部が収容所問題に取り組んではいたが、その活動には目立った動きは見られなかった。

東京市では、九月十日になってようやく陸軍から多数の携帯天幕を借り受け、日比谷公園に二十五、宮城前広場に百五十、上野公園に二百、秋葉原駅附近に四十、深川公園に百、洲崎埋立地に二百、月島埋立地に二百張りの天幕を配布した。が、これらの天幕に収容できた者も避難民の中の小部分にすぎなかった。

警視庁の収容所問題についての対策は、東京市の活動よりも系統的で、積極的でもあった。

警視庁は、まず既存の建物に避難民を収容させることが先決であると判断し、九月四日保安部長笹井幸一郎名で、各警察署長に対し、左のような緊急指令を発した。

「避難民収容家屋調査の件

　罹災民中、附近に親戚故旧無く居住すべき住宅なき者を臨時収容する為、左の事項を特急調査報告相成度依命通牒候也

一、学校、寺院、興行場、集会場其他の公共的営造物中収容に適するものの名称、位置、坪数、収容見込人員及び収容余力数の大約
二、収容見込人員に対する飲料水の情況、追て避難民集合地の附近に於ける前記営造物は即時開放せしむるに努められ度」

この通牒にもとづいて各警察署では、緊急調査を開始した。そして、八日頃にはおおよその調査報告を警視庁に伝えた。

それによると、避難民は、火に追われて避難した公園等の空地に腰を据えたまま他に移動する気配を見せない。それは、死をまぬがれることの出来たその避難地を安全と思いこんでいるからにちがいなかった。

また各警察署からの報告では、避難地周辺の学校、寺院等に避難民があふれているが、その他の地区では、避難民を収容できる建物がかなりあることもあきらかになった。つまり、避難民を避難地から分散させて、これらの建物に収容することが好ましかった。

しかし、各警察署の報告では、その分散が容易ではないと伝えてきていた。ようやく死の危険からのがれ出ることの出来た避難民たちは、相つぐ余震と流言蜚語におびえきっていて、避難地を出ようとはしないのだ。

かれらにとって、避難地以外の場所は危険にみちた地域で、自分の生命をおびやかす

地だと思いこんでいるようだった。かれらには、夜露をしのぐ方法もないが、避難地で他の者たちと身を寄せ合っていることに一種の安らぎすら感じている。自分だけが不運な罹災者ではないという慰めに似た意識が、かれらを避難地にとどめさせている原因でもあった。

そうしたかれらを、避難地から分散させるには、かなりの困難が予測された。

しかし、警視庁では、収容能力のある建物の調査を続行させると同時に、避難民の分散に努力することを決定した。そして、笹井保安部長に官房主事正力松太郎が協力して、避難民に対する積極的な宣伝を開始した。

建物の調査は進んで、九月十二日までに東京市内で二百十九カ所、郡部で百十四カ所の建物を調査した結果、十二万二千六百余人の避難民を収容出来る建物のあることが判明した。

警視庁では、各避難地に宣伝ビラを配布して、これらの建物におもむくようにうながした。その宣伝ビラは、左のように避難者の移動を強く訴えたものであった。

「芝浦へ!!!　芝浦へ!!!

芝浦埋立地には、横川工場、高等工芸学校に約一万人の収容力あり

尚、其地より、関西方面に対し、毎日避難民に無賃軍艦輸送の便あり」

「本所相生署管内の国技館に、尚四千人の収容力あり

食料の配給支障なきに付避難せられたし」

「淀橋警察署管内の大久保電車車庫に、約二千人の罹災者収容力あり
　食料は町役場より配給する筈に付避難せられたし」

このようなビラを配布すると同時に、各警察署の署員たちは、避難民に移動を強くすすめたので、かれらも漸く腰をあげて収容所へ分散していった。

避難地にひしめいていた人々の数は減少したが、依然として屋外にさ迷っている避難民は多かった。

大地震が起った後、主な避難地に集ってきた群衆は、上野公園に約五十万人、宮城外苑に三十万人等、合計百三十万に達していた。

これらの避難民たちは、親戚、知人の家に身を寄せたり警察署や東京市の指示で収容所に移っていったが、大半は寝る場所もなく乞食同然の姿で夜を過していた。

また親戚、知人の家に寄食していた者の中には、感情的に気まずくなって追い出される者も多く、それらの者たちが再び避難地にもどってくる傾向も増してきた。

臨時震災救護事務局では、これら宿泊施設をもたぬ避難者を救済するため広場にバラックの建設を決定した。そして、九月六日、東京市と警視庁に対して工事の開始を命じ、翌七日には建設地が指定された。それは、芝離宮、芝公園、明治神宮外苑、日比谷公園、新宿御苑、植物園、上野公園、浅草公園、緑町公園、深川猿江、深川公園、安田邸であ

った。

これらの地で、徴発した材木による大々的なバラック建築が開始され、横浜市を中心とした神奈川県でも同じような工事がはじまり、小学校校庭、公園等の空地にバラックが続々と建てられていった。東京市では、約七万坪の空地に二万三千戸のバラックを建築する計画が立てられ十万人近い人々の収容が予定された。バラックが完成したのは、九月八日以後十月初旬まででであった。

政府は、一応住居問題がこれで解決したと判断したが、それらのバラックはただ雨露をしのぐだけのものでしかなかった。

或るバラックは、一棟数百坪もある倉庫のようなもので、そこに多数の人々がつめこまれた。間仕切りはなく、雑然と人々は空間を争い、わずかに占めた場所で寝起きした。細かく分けられたバラックもあったが、それらも人間の居住できるようなものではなかった。

屋根はトタンぶきであったが、天井はなかった。床は低く、中には床もなく土が露出しているものもある。電灯は、教室に豆電球が一個あるような状態で、無灯のバラックすらあった。

棟割り長屋が大半であったが、その間仕切りは、ヨシズ、アンペラ、蓆などが使われ、排水溝もなく汚水があふれていた。

一戸は、四畳半と六畳の広さのものが多く、その中に平均六人強が収容されていた。つまり一人にあたえられた空間は、一畳以下であったのだ。

東京市直営のバラックの室数は、上野公園附近で二百二十六棟、日比谷公園に百四十四棟、九段に七十棟、明治神宮外苑に五十三棟等、計六百十八棟、各区管理のバラックの室数は九千五百二十七、社会事業団体などの管理するバラック室数は五百四十七に及んだ。

それらのバラック街は、たちまち汚濁にまみれた。

共同炊事場が設けられたバラック街もあったが、設備が不十分で利用者はなく、人々は室内で炊事をした。そのため煙が各室に充満し、食物屑は路上に投げ捨てられた。

排泄物の処理も、重大な問題であった。

政府は、バラック建設と同時に共同便所も設置したが、それは便所としての機能を失った粗雑きわまりないものであった。

まず収容人員に対して、便所の数が余りにも少かった。その上便壺が小さく、しかも桶を使用していたので、土中にしみ出てしまう。

たちまち糞尿が便所からあふれ、路上に流れ出た。

それに、共同便所とは言っても扉などはなく、用便する姿が人の眼にさらされるので、人々は、便所へ足をふみ入れるものはなく、夜になると部屋の外に出て排泄するようになった。

　またバラック街には浴槽の設けられた場所もあったが、それは一人か二人か入浴できるドラム缶状の粗末なもので、しかも、周囲はアンペラでかこっただけであるため、秋風が身にしみる季節になると寒さで入浴は不可能になった。

　むろんその浴槽は限られた少数の者が使用できる小規模のものであったので、バラックに住む者のほとんどすべてが震災後一度も入浴することはできない状態だった。

　バラック街には悪臭がみち、その中を垢にまみれ破れた衣服をまとった人々がひしめき合って雑居していた。窃盗その他の犯罪も多く、男女関係も乱れ、半ば公然と売春行為をする女すらいた。

　そうした悲惨なバラック街の生活に人々は苦しんでいたが、さらに十二月に入った頃になると多くの人々が移住してきてバラック街はそれらの人でふくれ上った。それは、寺院、学校、縁故先に寄食していた避難者が追い立てられてきたためで、バラック街の惨状は一層いちじるしいものになった。

　いつの間にか、バラック街の住民はその生活になじみはじめていた。

　住居費は無料でその上食糧は救援物資が支給され、働くこともせずに生きてゆくことができる。バラック街の住民は貧しい生活を余儀なくされている者ばかりで、それらの人との集団生活に怠惰な安息も感じはじめていたのである。

そのような住民の生活感情を反映して、バラック街には多数の露店が出現するようになった。

日比谷公園のバラック街を例にあげると、七百以上の露店が通路の両側に並んだ。その中の四百四十二は飲食を業とし、しかも三分の二以上が酒を商う露店であった。

バラックの一室をそのまま酒場にしたものも多く、深夜まで酔客がたむろし歌をうたい怒声をあげる。路上に泥酔者の倒れていることが常となって、バラック街の風紀は乱れた。

厳冬期に入るとバラック街の住民の苦痛は増した。バラックの屋根と板壁の間には通風のため間隙があけられ、しかも板には節穴が多く、それらから冷気が容赦なく流れこんでくる。寝具も乏しく、病気になる者が激増した。

このような寒気にたえきれず、バラックから移転してゆく者も多くなった。

衛生状態の悪化を憂えた東京市では、バラック街に消毒薬をばらまいたが、伝染病の続発を防ぐことはできなかった。震火災後十一月十三日までにバラック街では五百五十二名の伝染病患者が出たが、一般住居に住む者に比してその発生率はきわめて高かった。

十二月に入ると、寒気にさらされたバラック街では呼吸器疾患を起した病人が激増し、十二月一日から一月十日までの約四十日間に、感冒患者五百九名、気管支カタル患者六百十九名、肺炎患者八十四名等、計二千七百五十七名が治療を受けた。その他、消化器、循環器、泌尿器、皮膚、眼等の病気におかされた者、計六千五十名に達し、精神異常をきたした者も五百八十八名に及んだ。

東京市は、バラック街の改善に手をつけはじめたが、その成果は芳《かんば》しくなく、その後長い間バラック街は放置されていた。

十八、犯罪の多発

大震火災は、建造物を倒壊させ焼きつくしたが、同時に人々の精神生活にも大きな影響をあたえた。

大災害によって、多くの人々は職を失い生活の資を得る手段を失った。商品は大量に焼失し、交通機関の壊滅によって物資の移入も乏しかった。また水道が破壊したため飲料水を得ることも出来ず、人々は生活を維持する方法を絶たれた。

そうした窮迫の中で、盗みがしきりにおこなわれ、また混乱した機会を巧みに利用して私利を得る目的で、大規模な掠奪もおこなわれた。

掠奪は、まず食糧からはじまったが、それはたちまち他の物資にも及んでいった。電灯が全滅していたので東京市や横浜市は暗黒の世界に化していて、盗みを働くのには好都合であったのだ。

焼跡には、銀行、会社、商店等の倉庫や金庫が放置されていたが、それらの内部から高価なものをかすめとったり掘り出す者が多かった。殊に貴金属商は恰好の対象になって、焦土の中から貴金属、宝石類を発掘し盗みとる現象がいちじるしかった。

それは焼失した地域だけにかぎらず、焼け残った地域でも強・窃盗がしきりに起った。大衆浴場でも脱いだ衣類や金品は盗まれ、その犯人の大半は女性であった。

また集団的に掠奪をほしいままにした事件も続発した。

殊に横浜市では、港湾関係の作業員による船荷の大量掠奪事件をはじめ、悪質な集団強盗が横行した。

ペンキ職山本徳太郎を主謀者とする犯罪もその一つで、大震火災の起った翌九月二日、山本は十一名の男を誘って掠奪をおこなった。

山本らは、凶器をたずさえて附近の家や商店に押し入り、

「避難民に分配するから、食糧を出せ」

と、凶器をかざして威嚇した。

そして、翌日までの間に約十回家々を襲い、白米入り米櫃《こめびつ》、玄米俵、小麦粉袋、乾物類、漬物等多数を奪って分配した。

この山本らの犯行に刺激されて、ペンキ職中田為吉も十三名の親しい者と共謀し、同様の掠奪をおこなった。

かれらは、九月三日に民家を九回にわたって襲い、

「米を出せ、かくすとただではおかぬぞ」

「食糧を出さぬと、叩き斬るぞ」

などと言って、凶器を手におどした。

その激しい態度におびえた各戸では、白米、酒類、馬鈴薯、梅干、缶詰等をさし出し、中田らはそれらを山分けした。

東京市内でも、掠奪事件が起った。

南千住町には避難民が集っていたが、九月二日、かれらの間に一つの流言が伝えられた。それは、

「隅田駅に保管されている米、木材を無料で配給する」

という内容であった。

食糧等の欠乏に苦しんでいた群衆は、その朗報を喜び、先を争って隅田駅に殺到した。が、駅員は、そのような無料配給の予定はないと弁明することにつとめた。

しかし、その間にも群衆は数を増して、煽動者の声に、駅員の制止を無視して掠奪をはじめた。それは警察官も傍観しなければならぬほど激しいもので、その後四日間に大量の米と木材が強奪された。

また神奈川県小田原駅にも九月二日に附近の民衆がつめかけ、同駅構内の倉庫、ホーム、貨車等におかれた呉服類、酒類、自転車、米、麦、材木等が手当り次第に掠奪され、

その他の地区でも同じような集団強奪事件が多発した。

警察の無力化に乗じて、悪質な詐欺、恐喝事件も発生した。その種の事件で最も多かったのは憲兵、警察官の名をかたった犯罪だった。

庶民は、日頃から官憲に畏怖をいだいていた。犯人たちはその心理を巧みについて、憲兵隊又は警察署から来たが、避難民を救うため金品を出せ、と命じる。それに応じぬと、激しい怒声を浴びせかけて強奪するのが常だった。

また郵便局員を装った犯行も多く、

「災害を受けたため郵便局の貯金台帳が焼失して困っています。台帳を新しく作りますので、あなたの通帳の記号、番号、預金額を教えて下さい」

と言って、受取証と引きかえに通帳を持ち去る。そして、郵便局に行くと、

「印鑑を焼失した」

とあざむいて、預金額を引き出すのだ。

災害後の混乱は、犯罪を容易にした。

多くの人々が死亡したり避難していたので、その所有物は市中に放置されていた。そうした物資をねらって、或る者は、川に浮ぶ多量の材木を横領し、軍用電線を切断して売却する者さえいた。

さらに混乱に乗じて、女性を誘拐し、売春婦として売りとばす犯罪も多かった。この

点について警視庁は、木下信刑事部長名で左のような指示を警察署に伝えた。

婦女誘拐に関する取締の件

今次の大震災に依り、死歿し又は行衛不明となりたるもの頗《すこぶ》る多数に上り、為に親・子・夫・妻離散し、扶養者を喪ひたる婦女子亦甚尠からざる情況に候処、世上或は罹災者救助の美名の下に或は種々悪辣なる手段に依り、是等憫《あわれ》むべき婦女子を営利又は猥褻の為誘拐せむとするもの漸く多からむとするの聞え有之候に付ては、其の署管内罹災者避難所、救護所に対し細心の注意を加ふべきは勿論、一時救助の為個人の居宅又は工場、寄宿舎等に婦女子を収容し居るものに付ても、相当査察を遂げ、若し誘拐の虞《おそれ》ある場合は、其の事情を詳細取調の上苟且《かりそめ》にも犯罪行為を認むるときは厳重に検挙する等、取締上遺憾なきを期せらるべし

その他、救援物資を官公吏が横領する犯罪も多く、また日頃の恨みをはらす目的やいたずら半分に放火する犯罪が、九月中に二十五件も起った。

哀れだったのは、捨子の増加であった。

震火災のために職を失い、食物を得ることの出来なくなった者たちの中には、子供を養う自信もなく、焼け残った家の戸口や橋の袂に子供を捨てた。それらは、例外なく生

後二、三カ月の嬰児であった。

またバラック街では、救援物資の配給を受けているため労働に従わず、遊び暮している者もいた。自然にかれらの間に賭博が流行し、賭金を得る必要から盗みを働く者も多かった。

人心は、すさみきっていた。

このような大混乱期に、物資の不足は自然に物価の高騰をうながした。そして、一部の商人は、この機会に巨利を得ようとして、物資の大量買い占めと売り惜しみをはかったので、物価の騰貴は果てしないものになった。殊にその傾向は、大手の卸売商に強く、小商店の扱う商品は入荷がとまり、入ってくる商品も二倍近くの値であった。

住居もなく辛うじて配給される食物で飢えをしのいでいた避難民にとって、そうした商人の行為は大きな打撃になった。避難民は、飢えをしのぐため懐中に残された乏しい金をはたいて食物を求めたが、手に出来るものはわずかな量にすぎなかった。

自然に罹災者たちの悪質商人に対する憎しみは増していた。

過去に商人の買い占めによる物価騰貴がみられた時代には、一般庶民が商家を襲い、打ち毀しなどの暴動を起している。その上、大震火災で人心はすさんでいるだけに、大規模な騒乱の起る可能性は十分にあった。

警視庁では、暴利商人襲撃事件の起るのを憂え、九月四日各警察署長に対して、「物資欠乏に乗じ商人にして不正不当の利益を収めんとするものあり。本件に関しては戒厳司令官よりも厳重なる命令ある次第にして、此のまま放任せんか、民衆の反感と激怒とを買ひ、襲撃等の惨事を現出せんも計り難きに付、各位は之が取締に一段の努力を払ひ、暴利を貪《むさぼ》るもののある時は、厳重警戒を為し、猶肯《なおがえん》ぜざる時は、徴発其の他相当の方法を講じ、猶監視を要すと認めらるる商人に対しては巡査を配置し、厳重取締を励行せらるべし」

という指令を発した。そして、警戒をつづけていたが、翌五日、品川警察署大崎分署長都築弥太郎警部から、荏原郡平塚村で、暴利商人と資産家の家を庶民が大挙して襲っているという情報が入った。

警視庁では、その襲撃事件がきっかけになって被災地全域に暴動が波及することを危惧した。

大崎分署では、ただちに署員が現場に急行したが、調査の結果それらはいずれも流言にすぎないものであることが判明した。しかし、その流言の発生した原因を分析すると、その根底には庶民の暴利商人や富裕な者に対する激しい反感のひそんでいることがあきらかにされた。

平塚村大字中延に米穀、酒類、雑貨を商うKという商人がいて、大震災後、商品の価格をあげて村民に売っていた。Kの妻は、店で働いていたが、日頃から多少高慢なところがあって、挨拶もせず、その上親しい村民にも現金払いを求めていたので、村民に悪感情をいだかれていた。

そのうちに、誰の口からともなく村民が大挙してKの家を襲う計画を立てているという風説が村内に流れ、それがKの耳にも伝えられた。

朝鮮人や社会主義者たちに対する殺傷事件が頻発していたので、Kはその風説に狼狽し、恐怖にかられて、同村の救護団に商品の寄附を申し出た。

Kは、その夜まんじりともせず恐れおののいて過し、翌早朝約七、八百円に相当する商品を同救護団に渡した。

救護団では、ただちに村民や避難民に無料で配給したが、それらの商品は村民がK家を襲った結果手に入れたものだと解釈され、暴利商人に対する襲撃説として流布されたのだ。

また九月五日には、同村大字戸越で製革会社を経営しているTの家を村民が大挙して襲うという風説が流れた。これも虚報であったが、その流言の発生原因は左のようなものであった。

九月三日夜、Tの家の前で製革会社の工員が夜警をしていた。

T家の前に、一人の男がやってきて、

「私は、罹災者で無一物になってしまったが、ローソクを一本ゆずっていただけないか」

と、懇願した。

T家でもローソクがなく困っていたので、工員が、

「ない」

と、答えた。

罹災者の男は、急に怒り出し、

「嘘をつけ。物惜しみするのもいい加減にしろ。Tといったらこの附近では知らぬ者のない財産家ではないか。一本のローソクもないなどと、だれが信じるものか。貧しいものをどのように思っているのだ」

と、怒声をあげた。

その甲高い声に附近の者が集ってきたが、男は、しきりに罵りながら立ち去っていった。

その話が村内に伝わって、T家を罹災者の群が襲うという風説になったのだ。

その風説は、すぐTの耳にも入った。

Tの驚きと恐怖は大きく、かれはすぐにローソク製造機と原料を買い入れると、ローソクを製造して村の自警団に配って歩いた。また食糧をかき集めて炊き出しをおこない、

罹災民と思える人を見かけると、すすんで物品提供することにつとめた。

それでもTの恐怖は薄らぐこともなく、工員たちを動員して村の六カ所に火の番を配置するなど、村の警護につくした。

この二つの流言は、暴利商人や多額の資産を持つ者に民衆が騒動を起す危険を暗示したものであったが、そのような事件が発生しなかったことは奇蹟に近かった。それは民衆の関心が、朝鮮人来襲の流言に専ら向けられていたからであった。

政府では、不穏な事件が発生することを恐れ、買い占めと売惜しみで利益を得ている商人を取締ることを決意した。そして、九月七日勅令をもって左のような「生活必需品に関する暴利取締令」を発布した。

生活必需品に関する暴利取締の件

震災に際し暴利を得るの目的を以て、生活必需品の買占もしくは売惜みを為し、又は不当の価格にて其販売を為したるものは、三年以下の懲役又は三千円以下の罰金に処す

また生活必需品の品目を、食料品、鍋・釜・食器、燃料、建築材料、薬品類、綿・毛糸・毛布、紙類、文房具等と定めた。

この取締令の実施について、警視庁は各警察署長に対し、
一、震災前の価格に比較して、三割以上高いものは、一応暴利とみなす。ただし震災後地方から仕入れた商品は、生産地で高値がついているはずだし、運送費なども高くなっているので、これらの点を考慮して取締ること。
二、三割以上高い商品を売っている商人には、厳重に不心得をさとし、殊に悪質と思われる商人は処罰するか、商品を徴発する等、警視庁保安部長に伺いを立てた上で処理すること。
三、この取締令は、生活必需品が円滑に配給されることを目的にしたものであるので、余りに厳しく取締ると、却って物資が市場に出廻らぬ恐れがあり、そのことを考慮して取扱うこと。

といった曖昧なものであった。

この取締令は、商人に影響をあたえることもなく、かれらは商品をつぎからつぎに転売してゆく。そのため価格は、上昇の一途をたどった。

物価は五割以上高くなり、中には二倍、三倍の高値を呼ぶものも多くなった。

この事態に驚いた警視庁は、民衆に暴利取締令の宣伝をすることが効果的であると判断し、宣伝文を作成して各所に配布した。

「市民の罹災困憊《こんぱい》に乗じ、暴利を貪るものあらば、直に警察署又は巡査派出所に申告せられ度、官民協力取締を断行せむ」

この宣伝によって、民衆からの申告が相つぎ、警察ではその都度小売商の調査をおこなった。

しかし、それら小売商人は、一様に卸価格が驚くほど高いので、やむなく高額の値で売らねばならぬのだと弁明した。

たしかに、その主張は正しかった。暴利をむさぼっているのは卸売商で、豊かな資本をもつ卸売商ほどその傾向は強かった。

警視庁では、暴利の根源が豊かな資力をもつ卸売商にあることを知り、九月一三日取締を卸売商に集中すべきであるという指示を各警察署長に発した。また政府も、それら投機的な卸売商の得た不当利益の没収を発表した。

取締りは、きわめて厳しく、暴利をむさぼる卸売商の検挙がつづいた。その検挙数は、九月七日から十月末まで四百二十二件にも達した。

これらの取締りによって、ようやく物価の安定をみることができるようになった。

関東大震災は、世界各国にも伝えられ、中には日本の大部分が壊滅したと新聞報道した国もあった。

稀有な大災害に、各国の政府や国民の間に救済の気運が自然に起った。

九月十日には、早くもアメリカ軍艦「ブラックホーク」とイギリス軍艦「ホーキンス」が食糧、木材、燃料等を満載して品川沖に到着し、その後、全世界の国々から救援物資と金銭が送られてきた。殊にアメリカでは、震災後二週間もたたぬ間に予定募金額五百万ドルを越えた八百万ドルが一般の人々から集められ、その他大量の物資が三十隻にも及ぶ輸送船で日本に送りこまれてきた。ヨーロッパ各国の船も続々と横浜をはじめ各港に入り、日本政府も喜んでそれを受け入れた。

しかし、例外がただ一隻あった。それは、ソ連汽船「レーニン号」であった。

大震災の起ったことを知ったソ連政府は、外交委員長チチェリン名で日本政府に同情する旨の電報を寄せてきた。そして、ソ連邦人民委員会はこの件に関する会議をひらき、

「一、日本労働者に実質上の援助をすること。

二、大平洋沿岸にある船舶に救援食糧を積みこみ日本に向かわせること」

と、決議した。

この決定にもとづいて、中央執行委員長カリニンは、

「極東方面にある船舶は、ただちに食糧を満載し、日本に向かって出発せよ」

と命じた。

ウラジオストックには、義勇艦隊に属している「レーニン号」（約二千七百トン）が碇泊していた。

ソ連政府は、同船に約五十万ルーブルに相当する食糧、医薬品を積みこみ日本に送ることを定め、ウラジオストック駐在の日本総領事館にその旨を申し出た。

渡辺総領事代理は、ソ連の好意に謝意を表した。そして、災害の中心地である横浜に入港するよりは神戸に入港する方が安全であると伝え、入港後は日本官憲の指示にしたがうように求めた。が、ソ連は日本とは国家体制の異なる社会主義国であるので、渡辺は、「レーニン号」を出発させるというソ連政府の申し出を受け入れてよいか否かを、電報で日本政府にただした。

その間に、「レーニン号」には日本の事情に精通しているバチスが救護隊全権、クズネツォフが補佐となり、医師六、補助医九、看護婦五十二、計六十七名とともに便乗が決定した。そして日本政府の回答が到着する前に、同船は、九月八日午後二時十五分ウラジオストックを出港した。

渡辺総領事代理から「レーニン号」出港の報告を受けた日本政府は、狼狽した。外国からの援助はありがたいが、共産主義革命に成功したソ連からの救援は迷惑だった。共産主義思想は、天皇を中心に構成された日本の国家体制を完全に否定する性格をもつ。

日本国内にも共産主義に同調する者が徐々に増していて、政府と軍部はその抑圧につとめていた。もしもソ連の救援を受け入れれば、それらの同調者を活気づかせ、国家体制を否定する運動を激化させる恐れがある。つまり全世界を共産主義国とすべきであるという姿勢をしめしているソ連が、救援することによって日本を共産主義国とする手がかりを得ようとしているのではないかと臆測したのだ。さらに「レーニン号」の便乗者のほとんどが共産党員または同調者であることに、政府の疑惑が一層ふかまった。

政府は、「レーニン号」出発についてのソ連国内の動きをさぐった。その結果、沿海州の執行委員が、

「沿海州のプロレタリア諸君、われら労働者及び農民は、この度の日本の大地震で受けた大不幸に同情しなければならぬ。沿海州は貧しい土地であるが、日本の友人を救済する義務を忘れてはならない。殊にわれわれが最も心配しているのは日本の労働者の子供たちである」

という布令を発していることを知った。

さらにソ連の新聞も、救援物資と医療団はソ連の労働者から日本の労働者に送られるものだと報じていることも知った。つまり、日本政府側からみれば、ソ連の日本に対する救援は、労働者階級のみを対象としたもので、ソ連が宣伝工作のため「レーニン号」を出発させたのだという推測を深めさせた。

また同船には、救援物資の中に多数の共産主義思想を宣伝する印刷物がかくされてい

るという情報も入って、政府の態度は硬化した。

そのような背景の中で、九月十一日、日本に近づいた「レーニン号」から予定通り神戸に入港してもよいかという電報が打電されてきた。

これに対して外務省は、同日午後八時五分横浜に入港せよと返電した。

震災後、海軍は救援と警備に従事し、連合艦隊司令長官竹下勇大将は、旗艦「長門」とともに多数の艦艇をひきいて品川沖に到着していた。在泊艦艇の少い神戸港よりも連合艦隊の集結地に近い横浜港に迎え入れる方が好都合だと判断したのだ。

竹下司令長官は、「レーニン号」に対する警戒を指揮下の各戦隊司令官に命ずると同時に、万全を期するため神戸港に駆逐艦二隻を急派した。

「レーニン号」は、十二日午後一時横浜に入港してきた。ただちに海軍側はレーニン号におもむき、船内を調査した末、約十七万円に相当する食糧、建築材料等の救援物資を積載していることを確認した。

同港に碇泊していた戦艦「伊勢」の漢那《かんな》艦長は、連合艦隊司令部の命を受けて多くの機動艇を「レーニン号」の周囲に派し警戒に当らせたが、その夜、「レーニン号」から一部の乗員がボートでひそかに横浜に上陸したらしいという報告があった。

神奈川方面警備隊では、ただちに調査に当ったが、その事実はなく、機動艇員の錯覚であることがあきらかになった。

海軍は、日夜警戒に当っていたが、「レーニン号」を訪れた日本人新聞記者の言によると、同船に乗っているソ連人が、

「救援物資は、ソ連共産党が罹災民の中の日本労働者のみに対して贈るものである。日本労働者は、この大震災をきっかけに革命へ前進すべきである」

ということを口にしたという。

その報告を受けた関東戒厳司令部は、同部付の森陸軍中佐による電話で連合艦隊司令部に左の要旨の命令を伝えてきた。

イ、「レーニン号」の乗員に対しては、絶対に上陸を許可せず、なるべくすみやかに出港せしむること。

ロ、希望に依り救援物資を受領す。但し厳重なる検査をおこなうこと。

ハ、「レーニン号」の医師団は、罹災民の傷病者を「レーニン号」の船内に収容し治療する希望を有している由だが、その申出は拒絶する。

ニ、今朝参謀一名及び小柳海軍少佐横浜に急行せり、いずれもロシア通にして、司令官と協議の上機宜《きぎ》処置すべし。

社会主義運動に極度な警戒心をはらっている政府と軍部は、ソ連船の出港をうながす

処置をとったのだ。

　さらにその後、態度は一層硬化し、翌九月十三日午後一時、左のような関東戒厳司令官福田雅太郎陸軍大将の命令が発せられた。

一、ロシア汽船「レーニン」（旧名「シンビルスク」）は、即時戒厳地域外及帝国領海外に退去せしめらる。
二、神奈川方面警備隊は、海軍及地方機関と協力し、速に同船を退去せしめ且之と管区内陸上との交通遮断に努むべし。同船の搭載し来れる救恤《きゅうじゅっ》品《ぴん》等も一切之を受付けざるものとす。

　つまり戒厳司令部は、救援物資を受けることもこばみ、至急退去させることを指令したのだ。

　その日、午後六時三十分、戒厳司令部から派遣された武田陸軍大佐が「レーニン号」におもむき、救護隊全権バチスに、退去命令を伝えた。

　ソ連船の乗員たちは、憤激した。日本の大災害を知って医師、看護婦を集め多量の救援物資を積んでやってきたのに、警戒は厳重で、しかも退去命令まで突きつけてきた。

　それは、善意を全く踏みにじった行為に思えたのだ。

しかし、バチス全権は戒厳司令部の命令を受け入れ、石炭補給の後、翌十四日午前十一時、駆逐艦「波風」ほか一隻の監視を受けながら横浜を出港した。同船は、野島崎まで駆逐艦の追尾を受けた後、津軽海峡をへてウラジオストックに引返していった。

十九、大森教授の死

東京府、横浜市をはじめとした被災地にも、所々に淡い電灯がともるようになった。列車、電車の路線も開通し、水道の蛇口からも水が流れ出るようになった。

焼け跡には、政府の特配した建築材料で小さな個人バラックが点々と建ちはじめ、銀行も窓口をひらき、電話も通話可能になった。学校では授業が再開され、大災害を受けた被災地にもようやく復興のきざしが見えはじめた。

十月四日、横浜に「天洋丸」が入港してきた。同船には、日本地震学の最高権威である理学博士大森房吉が乗っていた。

かれは、その年の七月十日、第二回汎太平洋学術会議に出席するため日本をはなれ、オーストラリアに向かった。

シドニー港に上陸した大森は、体の変調に気づいた。食欲が全くなく、無理に食べると嘔吐する。

しかし、かれは会議に出席し、地震学分科会の座長としての義務を果して日程通りの講演もおこなった。

九月一日、かれはシドニーにある天文台のピコット台長の招きを受け、地震観測所を視察した。そして、地震観測室に入った時、地震計の針がふれ異様な線をえがくのを見た。

大森は、太平洋のいずれかに大地震が起ったことを直感し、入念に計測した結果、それが日本であることを知った。かれの観測は的中し、やがてオーストラリアにも関東大震災の災害が電報で伝えられてきた。

かれの受けた衝撃は、大きかった。かれは、十八年前の明治三十八年に後輩の東京帝国大学地震学教室員今村明恒理学博士との間で交した論争を思い起していた。

今村は、その年の秋、雑誌「太陽」に論文を発表し、

「過去の江戸に起った大地震は平均百年に一回の割合で発生しており、最後の安政の大地震からすでに五十年が過ぎていることを考えると、今後五十年以内に大地震に襲われることは必至と覚悟すべきである」

という趣旨の予言をした。そして、その被害についての予測もして、東京には大地震とともに大火災が発生し、水道の破壊によって全市は燃焼するにまかせられ、死者は十万から二十万名にも達する大災害になると断定した。

この論文は、社会的な大問題に発展し、翌三十九年二月下旬連続的な地震が起ると、人々は今村の予言する大地震の前兆だとして、避難騒ぎが起り、それを制止する警官と市民の間で衝突も起った。

大森は、社会を混乱におとしいれた今村の言動を苦々しく思い、かれは、五十年以内に大地震が襲来するという予言を徹底的に否定し、

「東京が大地震に見舞われるのは、数百年に一回と見なすべきである」

と説き、

「今にも東京市が全滅するほどの大地震が襲来するなどと想像するのは、全くなんの根拠もない浮説である。……幸いにして現在の東京は道路もひろく消防器機も改良されているから、江戸時代の大地震のような大災害を受けることはないと思う」

と、今村説を罵倒した。

この論争によって、大森教授と今村助教授の間には深い溝が出来、気性の激しい今村は、その後大正四年の群発地震の折にも大森と鋭く対立して、それはそのまま痼《しこり》となって残されていたのだ。

今村が「五十年以内に大地震が起る」と予言した明治三十八年から大正十二年まで年数をかぞえてみると十八年が経過している。「五十年以内に……」という今村の警告は、的中していたのである。

また今村は、東京が大火災に見舞われると予測したが、関東大震災は東京、横浜を灰燼にしたし、死者数も十万から二十万名にも達するという予言通り、二十二万名余の死者を出したのだ。

これに対して大森は、大地震の発生は数百年に一回だとし、被害も軽く終るだろうと楽観的な予測をした。それは地震学の第一人者として人心の動揺を鎮める意図をふくんだものであるとは言え、大森の敗北であることはあきらかだった。

大森は、震災予防調査会の責任者として一日も早く帰国したいと思った。そして、九月六日に会議に列席した人々と別れ、ただ一人で「ナイヤガラ号」に乗りハワイに向かった。

ハワイについたかれは、九月二十四日「天洋丸」で故国へ向かった。輝かしい学問的業績をもつ世界的地震学者である大森は、その予言に失敗し、多くの非難を浴びねばならぬ身になっていた。しかも、病気は重く、ベッドに身を横たえていなければならなかったのだ。

「天洋丸」が横浜に入港した日、今村明恒助教授は、理学部長の命令で大森を出迎えに行った。

船が午後三時に岸壁に横づけされ、今村は大森の部屋を訪れた。

すでに「天洋丸」船長から理学部長宛に大森の病状が重態であるという電報が入って

いたが、事実今村の眼に映った大森の衰弱は予想以上に激しく、呼吸も苦しげであった。

今村が挨拶すると、大森はかすかにうなずいた。

大森は、苦しげに呼吸をととのえていたが、

「この度の大震災について、私は重大な責任を感じている。譴責《けんせき》されてもやむを得ない。しかし、私は、政府に水道施設の改良を執拗に要求し、それが実現されたことでわずかに自らを慰めている」

と言ったが、言葉をきると同時に、苦しげに嘔吐しはじめた。

大森は、論敵の今村を前に自分の予想が完全にはずれたことを認めたのだ。

やがて大森は担架で船から運び出され、自動車でそのまま東京帝国大学附属病院三浦内科に入院した。診断の結果、病名は脳腫瘍で再起はおぼつかないと判定された。

日本に地震学の基礎をきずき上げた大森も、大地震発生の予想をあやまったことによって激しい非難を浴びる身になっていた。

しかし、大森は、地震学研究の第一人者として社会に対しても十分な配慮をはらわねばならぬ立場にあった。そうした事情から、自由な立場にある今村助教授の「五十年以内に大災害を伴う大地震の来襲必至」という説に猛反対したわけで、同情すべき点も多いが、予言をあやまった事実は弁明の余地がなかった。

かれは、自分の過失を認めながらも地震学者としての激しい熱情を持ちつづけていた。

死期の迫ったことを知ったかれは、今村に対する悪感情も捨てていた。かれは、震災予防調査会の会長兼幹事であったが、無給で地震学研究にとりくむ今村を、自分の研究を受けつぐ有能な人材として、職責の一部である幹事に推挙した。

この処置に感激した今村は、大森に対していだいていた反感も消えた。

病床に呻吟する大森は、凄絶な日々を過した。

かれは、主治医の塩谷博士が回診にくると、

「博士、私を再び病床から立たせていただきたい。震災について実地に調査し、研究したい。帝都の復興には、私も意見がある」

と、繰り返した。

十月二十五日朝、大森は塩谷博士に、

「内田祥三博士を呼んでいただきたい」

と、頼んだ。

内田は東京帝国大学教授で、大森の高弟であり、震災予防調査会の委員であった。

大森の病状はさらに悪化していて面会謝絶にされていたが、塩谷はかれの懇請をいれて内田に面会を許した。

大森は、嘔吐しながら内田に、水道や建物の被害状況について質問し、貯水池を各所に作るべきだと言った。その間にかれの昂奮は一層たかまったので、内田は辞去しよう

とした。

その背に、大森は、

「後藤子爵に、思い切った復興計画を立てるように伝えてくれ」

と、叫んだ。

内田は、翌朝内相の後藤新平をたずねると大森の言葉を伝えた。後藤は、内田から直接首相山本権兵衛にその旨を報告すべきだと言って山本のもとに同道した。

山本は、大森の熱情に感動し、十月三十日に大森を病院に見舞った。

十一月八日、大森は死去した。その顕著な業績に対して、正三位に叙せられる旨の発表があり、勲一等瑞宝章を授けられた。

関東大震災は、地震学に多くの貴重な実質的資料をあたえた。

大森房吉を中心に樹立された地震学は、大震災によって大きく前進することになった。理学博士長岡半太郎は、地球の形と内部構造に焦点をあてた基礎研究を重視する必要を説き、石原純も今までは地震の研究が歴史的統計にたよりすぎたきらいがあると批判し、統計の研究と同時に計測、地質、物理の研究も並行させるべきだと主張した。

また地震に伴う火災の研究についても、関東大震災によって豊富な資料が集められた。

その蒐集を指導した中村清二は、火災の研究がほとんど無視されていたことを鋭く指摘した。かれは、それらの資料を駆使して論文を発表したが、その中で水道は地震で破壊される運命にあるので近代消防は役に立たず、江戸時代にさかんにおこなわれた破壊消防の方が有効だと主張した。

また中村は、民衆の火災に対する無知についても筆を進めた。地震とともに大火が発生した原因は、民衆が余震を恐れて火元を消すことをせず多くの家財等を持ち出したことにあるとして、それによって多数の焼死者を出したと非難した。

文人でもあった理学博士寺田寅彦は、地震と人間についての考察もおこなった。関東大震災の大災害は、歴史的に考えれば前例が繰り返されたにすぎず、それは人間の愚かしさから発していると述べた。過去の人間が経験したことを軽視したことが災害を大きくした原因であり、火災に対する処置などは、むしろ江戸時代よりも後退していると嘆いた。

かれは、朝鮮人来襲の流言についても、それを冷静に考えれば全く信ずるに足りないものであることがわかるはずで、日本人が科学的な判断をもたぬために起った不祥事であったと非難した。

これらの熱心な災害研究が進められると同時に、地震学研究機関の充実がはかられ、東京帝国大学工学部教授末広恭二が寺田寅彦の協力によって、大正十四年十一月に地震研究所の設立に成功した。同研究所は、総合研究をおこなうことを目的とし、ひろく門戸をひらいて多数の学者の参加を求めた。

また中央気象台の地震観測網もいちじるしく拡大し、その後日本の地震学は急激に発展していったのである。

大地震発生後、一般庶民の間には、

「大地震が再び襲ってくる」

という流言がひろがり、人々を恐れさせた。

そうした流言に対して、外遊していた大森房吉博士の留守居役として震災予防調査会長兼幹事の臨時代理であった今村明恒は、地震学者の立場から観測結果を発表した。

その中で今村は、関東大震災によって地震を起す勢力は消えてしまっているので、「今後は大地震無かるべし」と結論した。事実かれは、一般の人が地震の再来を恐れて家の中に入ることを恐れたのとは対照的に、大地震後家族を家の中で起居させ、一度も野宿させるようなことはしなかった。

またつづいて起った余震も決して恐れる必要はないと力説し、一般の人々の不安はなんの根拠もないと述べた。

今村は、この報告書を五十部ほど謄写版で刷り、警視総監、警保局長に渡した。

警視庁では、これを各新聞社に伝えるとともに、

「今村博士の発表によれば、今後大地震なし」

というビラを多数作成して各所に掲示した。

関東大地震は、その発生と大災害を的確に予測した今村明恒を英雄的存在にのし上げた。新聞は、かれを地震博士と呼び、庶民もかれの発言を絶対的なものとして信じこんだ。

しかし、そうしたかれに対する信仰に近い信頼感が、一種の混乱をひき起すことにもなった。

今村は、関東大震災の発生した折、たまたま東京帝国大学地震学教室にいた。そのため大森博士の考案した地震計によって、震動の状況を確実にとらえることができた。それは、地震学者としては幸運であり、自然にかれを関東大震災の調査研究の中心人物にした。

かれは、災害資料の蒐集をはかるため精力的な実地調査をおこなうと同時に、官公庁や各種団体からの熱心な要請で日に数回も講演をして廻った。聴衆の中には新聞記者も出席していて、かれの一言一句は、大々的な記事として全国に伝えられていった。

関東大震災後四十日たった十月十日にも、かれは大阪におもむいて午後に大阪府の警察官、消防関係者を前に講演し、ついで大阪市参事会、実業同志会、市公会堂に於ける市民大会と四回にわたって講演をおこなった。当時、大阪では、関東大震災と同規模の大地震が起るのではないかという風評がしきりで、市民は寝る時も貴重品を枕元においていつでも逃げ出せる準備をしていた。

このような空気を知った今村は、その日の講演会でも「大地震に関する大阪の宿命につき」という演題で自分の意見を述べた。

かれは、まず「日本の各地方で大震災の来襲する恐れのない地域は絶対にない」と前置きして、大阪についての分析を展開した。

かれは、大阪に大地震をひき起す地震帯には三つあるとして、第一は外側大地震帯、第二は濃尾、伊勢、伊賀、大和から阿波につらなる地震帯、第三は淀川筋地震帯であると指摘した。

第一の外側大地震帯は日本列島に沿う太平洋方面で、たとえば元禄十六年十一月二十三日に房総半島南東沿岸で大地震が起った四年後に紀州沖に大地震津波が起ったように、東北方面で大地震が起ると、次には西南方面で起る。

この現象を、今村は多くの歴史的事実をあげて説明し、結論として関東大地震が外側大地震帯を震源地としているだけに、

「いくらか経過した後に於て、第二回の大地震を起す場合に於ては、むしろそれが関西に近い位置ではあるまいかと想像される」

と、大阪方面に大地震の来襲する可能性のあることをほのめかした。

また第二の地震帯を震源地とする大地震の発生は考えられぬが、第三の淀川筋地震帯については、過去千年ぐらい大阪に地震の起った記録はなく、それだけに地震帯の勢力

が蓄積されていることも考えられ、

「此の点に於て大阪は多少不安に考えられぬでもない」

と、説明した。そして、かれは、

「自分が東京方面に於ける忙しい調査をさし措いて大阪まで来た理由は、地震に対する相当な理解をもつことを市民一般にお勧めし、而してたとえ不幸にしてこの地が大地震によって見舞われても、東京の轍《てつ》を踏まぬようにしていただきたいからである。東京と大阪とは帝国の左右の腕であり、右手の東京が傷ついた今日、左手を大切にしなければならない為に、大阪に向かってかく注意申し上げる次第である」

と、結んだ。

この講演は、聴衆に大きな反響をあたえ、各新聞は今村の講演内容を紹介し、

「次の大地震は、大阪なり」

という大きな見出しで報道した。

大阪市内は、騒然となった。関東大地震の大災害におびえていた市民たちは、関東大震災の発生を予言した今村の言葉であるので、大地震の来襲は必至と考えたのである。

今村は、その意外な反響に狼狽した。学者の中には、今村の軽率な発言を激しく非難する者も多く、かれの立場は苦しいものになった。

今村は、生真面目な学者であり、一般庶民の心の動きをとらえることは不得手であっ

た。震災以来、人々は地震の発生に極めて神経過敏になっていて、かれのような一流の地震学者の言葉に激しく反応する。それに気づかぬかれは、警告の意味で自分の意見を率直に口にしたのだ。

しかし、大阪に大地震が起る可能性があると考えていた地震学者は、かれだけではなかった。

震災予防調査会の重鎮であった理学博士寺田寅彦の九月十一日の日記には、左のような叙述が見られる。

「……九時過ぎよりい（出）で、地震教室に行き、今村（明恒）氏面会意見交換。自分は数年内に同地震帯上、他地に強震発生の可能性多かるべき事を述べる。地震火災学組織の必要、大阪警戒の要など話す」

つまり、寺田も外側地震帯を震源地として大阪で大地震が起る恐れがあると今村に述べているわけで、今村もそれに同意見で、常識的な予測として一カ月後の講演でそのことを口にしたのである。

しかし、寺田は、その予測があくまで予測であり、一般に発表すれば必ず社会的な混乱が起ることを知っていて、あくまでも学者同士の会話にとどめたのである。

その後も、今村は九十九里浜沖を震源地とする大地震発生の可能性があることを口にし、それも新聞記事になった。

今村は、思いがけぬ反響とそれに伴う混乱に当惑し、新聞社に地震発生の可能性はあるが現在の地震学ではその発生期を予測することは出来ないと記事の訂正をもとめた。しかし、新聞紙上には、地震発生の可能性を今村が再び主張したと書かれ、かれの真意は無視された。

東京でも地震再来説は根強く残り、安政の大地震についで関東大地震に襲われた東京を日本の首都として不適当だという声がたかまり、政府部内でも首都を他の地に移すべきだという強い意見が起った。候補地としては、近畿地方、八王子などが考慮された。そうした一部の意見は、たちまち一般の人々にも伝わり、遷都がすでに決定したかのように信じこまれた。

復興計画を推進しようとしていた政府は、遷都説によって徐々にたかまってきた復興気運がおとろえることを恐れて、帝都復興の詔書を出し、遷都説を否定した。そして、山本権兵衛首相を総裁とした帝都復興審議会の創設を発表した。

復興計画は、内相後藤新平が中心になって推し進められた。

かれは、東京市長であった折に八億円の経費を要する都市改造計画を主張し世人を驚かせた人物で、大被害を受けた東京の復興には四十億円以上に達する大予算を組むべきだと提唱した。その金額は、国家予算の三倍に当る数字であった。

後藤の立案した計画は、余りにも理想的すぎるものだという批判を受け、結局復興費は十二億円にけずられた。

しかし、東京の復興は着実な成果をあげた。土地買収が最も困難だったが、激しく土地収用に反対した市民も都市を災害から守らねばならぬという意識をいだき、政府の提示した安い価格で自己所有の土地を提供した。その結果、狭い道路は拡張され、新しい道路も創設されて、その数は幹線道路五十二、補助道路百二十二に及んだ。

また公共建物、橋梁等の耐震耐火建造もおこなわれ、公園も多数作られた。

東京の復興は目ざましかったが、社会不安は増していた。大震災の混乱の中で起った亀戸事件、大杉栄殺害事件等の軍部・警察の失態が、不穏な空気を一層たかめたのだ。

大震災が起ってから四カ月もたたぬ大正十二年十二月二十七日には、通常議会の開院式に出席途中の摂政《せっしょう》が共産主義者と称する難波大助に狙撃された。侍従長入江為守は負傷したが摂政は難をまぬがれ、この事件によって山本内閣は総辞職した。

また翌年には大震災当時戒厳司令官であった福田雅太郎大将に対する暗殺未遂事件も起り、世情は暗いものになった。

このような風潮に対して、山本の後をついで内閣を組織した清浦奎吾は、国民思想の善導を唱え、社会運動に対する抑圧を強化した。

東京には、時折微震が感じられた。

人々は、かすかな震動でも顔色を変えて戸外に素足で飛び出した。そして、互いに顔を見合わせ、長い間家の中に入ろうとはしなかった。

年が明け、大正十三年を迎えた。

その年の四月二日に一回、翌々日にはさらに強い地震があった。

その度に、地震学教室の今村明恒のもとに新聞記者が訪れた。が、かれは東京に近い将来大地震の襲う恐れは全くないと告げ、それ以外のことについては人心の混乱を恐れて口をつぐんでいた。

かれは、その二度の地震が東京の直下を震源地としたものであることを知っていた。かれの知識によると、東京の直下または数里以内を震源地とする有感地震は、十年に数回しか起ってはいなかった。それが、わずか三日間のうちに二回も起ったということは異常であった。

安政二年の大地震は、江戸の真下を震源地として起った。それによって、東京の真下の地震エネルギーは消耗されているはずなのに、地震が続発したことは不気味であった。かれは、新たな大地震が起るのではないかと危惧した。そして、激しい不安を感じながら日を過したが、地震計の針は動かず、ようやくかれの不安も薄らいだ。

しかし、五月二十一日午前十時三十二分に、またも地震計の針が大きく揺れた。その地震は、二秒ほど地鳴りがつづくと、急に上下動がやってきて、三秒ほどすると横揺れが数回繰り返され震動がやんだ。

かれの観測によると、その地震も東京の真下が震源地であった。

かれは、うつろな眼を窓外に向けた。かれの得ている学問的知識は、過去の地震を調査し研究した結果得ることの出来た統計が主となっている。地震の予知も統計から推定したもので、それは科学の初歩的な段階にある。

無力感が、かれの胸にしみ入ってきた。

かれは、窓ガラスを通して初夏の樹葉の色を見つめていた。

あとがき

私の両親は、東京で関東大震災に遭い、幼時から両親の体験談になじんだ。殊に私は、両親の口からもれる人心の混乱に戦慄した。そうした災害時の人間に対する恐怖感が、私に筆をとらせた最大の動機である。

この作品は、次に連記した文献を参考にするとともに体験者からの話をまとめて書き上げたものである。

東大名誉教授河角宏氏、建設省国土地理院の藤井陽一郎氏より学術的な指示を得、また本所被服廠跡の惨事については東京都慰霊協会常任理事井上武男氏と罹災者によって組織されている一二九《ひふく》会の方々の協力を仰いだ。この作品の連載中に河角氏、井上氏の逝去をみたことを誠に残念に思っている。

取材に快く応じてくださった方々に厚く御礼申し上げると同時に、大災害によって不慮の死をとげられた二十万余の霊に哀悼の意をささげる。

昭和四十八年　夏　　　　　　吉村　昭

参考文献（左の他新聞・雑誌等）

東京震災録（前・中・後・別輯）	東京市役所発行
大正震災志（上・下巻）	内務省社会局編
大正大震火災誌	警視庁
震災予防会報告（六巻）	岩波書店
関東大震災の治安回顧（特別審査局長吉河光貞著）	法務府特別審査局
現代史資料(6)関東大震災と朝鮮人（姜徳相・琴秉洞編）	みすず書房
地震の征服（今村明恒著）	南郊社
大森房吉	旭社会教育会・旭公民館 旭小学校P・T・A編　発行
神奈川県震災誌	神奈川県発行
台東区史	台東区発行
被服廠跡	東京都慰霊協会蔵
大正大震火災誌	改造社編
寺田寅彦全集（第十四巻）	岩波書店
大正大震災大火災	大日本雄弁会講談社
被災生存者記録（山岡清真記）	
日本の地震学（藤井陽一郎著）	紀伊國屋書店
日本の百年(5)震災にゆらぐ（著者代表　鶴見俊輔）	筑摩書房

本書は一九七七年八月刊文春文庫
「関東大震災」の新装版です

文春文庫

関《かん》東《とう》大《だい》震《しん》災《さい》

定価はカバーに
表示してあります

2004年8月10日　新装版第1刷
2023年8月5日　第22刷

著　者　吉《よし》村《むら》昭《あきら》

発行者　大沼貴之
発行所　株式会社 文藝春秋

東京都千代田区紀尾井町3-23　〒102-8008
TEL 03・3265・1211㈹
文藝春秋ホームページ　http://www.bunshun.co.jp

落丁、乱丁本は、お手数ですが小社製作部宛お送り下さい。送料小社負担でお取替致します。

印刷・凸版印刷　製本・加藤製本　Printed in Japan
ISBN978-4-16-716941-1

（　）内は解説者。品切の節はご容赦下さい。

吉村　昭
深海の使者
第二次大戦中、杜絶した日独両国の連絡路を求め、連合国の封鎖下にあった大西洋に、数次に亘って潜入した日本潜水艦の苦闘を描く。文藝春秋読者賞を獲得した力作長篇。（半藤一利）
よ-1-49

吉村　昭
虹の翼
人が空を飛ぶなど夢でしかなかった明治時代——ライト兄弟が世界最初の飛行機を飛ばす何年も前に、独自の構想で航空機を考案した二宮忠八の波乱の生涯を描いた傑作長篇。（和田　宏）
よ-1-50

吉村　昭
蚤と爆弾
第二次大戦末期、関東軍による細菌兵器開発の陰に匿された、戦慄すべき事実とその開発者の人間像。戦争の本質を直視し、曇りなき冷徹さで描かれた異色長篇小説。（保阪正康）
よ-1-52

吉村　昭
闇を裂く道
大正七年に着工、予想外の障害に阻まれて完成まで十六年を要し、世紀の難工事といわれた丹那トンネル。人間と土・水との熱く長い闘いをみごとに描いた力作長篇。（高山文彦）
よ-1-53

吉村　昭
夜明けの雷鳴
医師　高松凌雲
パリで近代医学の精神を学んだ医師・高松凌雲は、帰国後、旧幕臣として箱館戦争に参加、敵味方分け隔てのない医療を実践する。日本医療の父を描いた感動の幕末歴史長篇。（最相葉月）
よ-1-54

吉村　昭・永田　力　繪
東京の下町
戦前の東京・日暮里界隈で育った著者が、思い出を鮮やかに綴った名エッセイ。食べ物、遊び、映画や相撲見物から、事件、戦災まで、永田力氏の挿絵と共に下町の暮しがよみがえる。
よ-1-55

吉村　昭
殉国
陸軍二等兵比嘉真一
「郷土を渡すな。全員死ぬのだ」太平洋戦争末期、陸軍二等兵として祖国の防衛戦に参加した比嘉真一。十四歳の少年兵の体験を通し、沖縄戦の凄まじい実相を描いた長篇。（森　史朗）
よ-1-56